PÈLERINAGE

A ROME

EN JUIN 1867

PAR M. CHARLES MENN

REPRÉSENTANT DE COMMERCE.

VIVE PIE IX!!!

2e Edition.

SE VEND A LANGRES

AUX LIBRAIRIES DE CRAPELET ET DE J. DALLET.

—

1868

PÈLERINAGE A ROME

EN 1867.

V2479

CHAUMONT, IMPRIMERIE DE CHARLES CAVANIOL.

PÈLERINAGE

A ROME

EN JUIN 1867

Par M. Charles MENNE

REPRÉSENTANT DE COMMERCE.

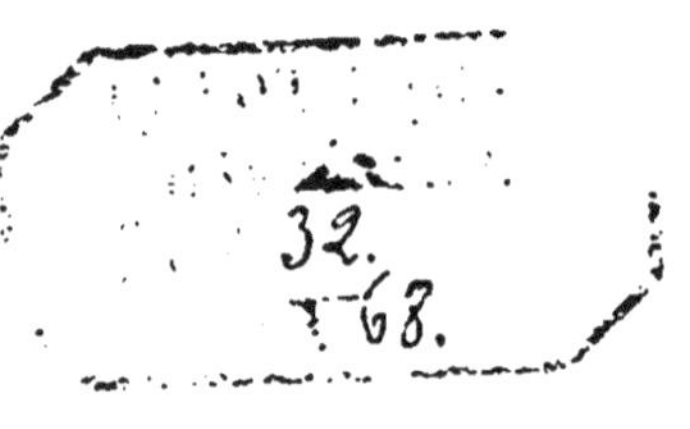

VIVE PIE IX !!!

2ᵉ Edition.

SE VEND A LANGRES

AUX LIBRAIRIES DE CRAPELET ET DE J. DALLET.

1868

AU LECTEUR

Ce travail, cher lecteur, n'était pas tout d'abord destiné à la publicité : je l'avais rédigé pour moi et mes
confrères en saint Vincent de Paul de la ville de Langres, devant qui j'ai eu l'honneur de le lire le 19 juillet
dernier. Mais, plusieurs de mes amis m'ayant fait obser-
ver que les détails de mon pèlerinage à Rome pour-
raient être de quelque édification pour d'autres, et qu'un
grain de bonne semence, tant petit soit-il, rapporte toujours beaucoup, si Dieu le bénit, je me suis rendu à leurs
désirs.

D'ailleurs, ai-je besoin de le dire, c'était pour moi, qui
ai pu contempler de mes yeux les merveilles de la Ville
Sainte, en cette circonstance à jamais mémorable du Cen-
tenaire des Bienheureux Apôtres, une bien douce satisfaction, un grand bonheur de mêler ma faible voix à ce
magnifique concert de louanges, qui, de tous les points
de l'univers, monte vers Rome et l'auguste Pie IX.

Une publication de cette nature, venant d'un homme

du monde, provoquera sans doute le sourire de quelques esprits *amis du progrès*, tel que l'entendent nos philosophes, défenseurs de la libre pensée ; je m'y attends ; ne suffit-il pas de prononcer avec respect, devant certains hommes le nom de Pie IX et de la Ville Sainte, pour s'attirer leurs moqueries? Mais loin de m'en effrayer, je m'en réjouis et m'en glorifie. Grâce à Dieu, la foi est vive dans mon cœur; toutefois, j'ose avancer que si je n'avais pas le bonheur de croire à la divine mission de l'Eglise catholique, les folles attaques qu'elle reçoit chaque jour des méchants seraient de nature à m'ouvrir les yeux. D'ailleurs, ceux qui me connaissent savent que j'ai le caractère trop indépendant pour me laisser jamais influencer par le misérable respect humain, et régler ma conduite sur la mobile opinion des hommes. Je vais donc raconter en toute simplicité ce que mes yeux ont vu et mes oreilles entendu, ce que mon cœur a ressenti pendant cet heureux voyage que je viens de faire, et qui certainement marquera dans ma vie, laissant toutefois à chacun la liberté de ses appréciations.

Je vous prie, cher lecteur, de fermer les yeux sur l'imperfection de ces lignes, qui sont le fruit d'une plume inexpérimentée, et de ne voir dans mes paroles que l'expression d'un esprit profondément convaincu, d'un cœur sincèrement dévoué aux intérêts de la sainte Eglise, et de notre bien aimé Père en Jésus-Christ.

Messieurs [1],

Puisque cette réunion un peu extraordinaire me fournit l'occasion de vous entretenir de mon voyage à Rome, je vais vous donner en toute simplicité, sur cet intéressant pèlerinage, les détails qui me sont revenus en mémoire.

Si, comme on le dit souvent, *tout chemin mène à Rome*, je vous y conduirai par une voie, qui ne sera pas la plus courte, celle que j'ai suivie moi-même.

I

Je commencerai par la visite que nous eûmes le bonheur de faire au sanctuaire si justement vénéré du saint curé d'Ars.

Et d'abord, je vous dirai que le pèlerinage, loin de di-

---

[1] Ce rapport a été lu devant les membres de la société de Saint-Vincent de Paul de Langres, et un grand nombre d'autres personnes notables, le 19 juillet 1867, jour de la fête patronale des conférences.

minuer, prend, depuis quelque temps surtout, une grande popularité, tellement que, chaque jour, outre les voyageurs amenés par le nouveau chemin de fer des Dombes qui a une station à peu de distance, plusieurs omnibus contenant chacun de vingt à vingt-cinq pèlerins, partent de Villefranche, remplis de voyageurs se rendant à Ars.

Tout du reste, dans cet heureux pays, respire le souvenir et la sainteté du bon Curé. Des miracles assez nombreux continuent à s'y opérer. Nous avons pu voir et toucher une fiole, renfermant du sang de M. Vianney, qui, contrairement à toutes les lois de la nature, se conserve, depuis bientôt quinze ans, parfaitement liquide et avec une grande vivacité de couleur : merveille qui prouve l'angélique pureté du corps dont il a été extrait. Avec quelle édification nous voyions la foule se presser sur le tombeau du serviteur de Dieu, et baiser pieusement la pierre noire sous laquelle reposent ses ossements vénérés, que l'Eglise, nous l'espérons, placera un jour sur nos autels !

Nous avons écouté, avec une curieuse et sainte joie, le récit d'un miracle qui s'est opéré tout récemment, non loin d'Ars, par l'intercesssion du saint Curé. Voici le fait, il est de nature à vous intéresser :

Un religieux trappiste était, par suite d'une violente maladie, à toute extrémité ; déjà les bons frères entouraient son lit de mort, récitant les prières des agonisants, pour le préparer à paraître devant Dieu. A la tombée de la nuit, qui semblait devoir être la dernière pour le moribond, arrive en toute hâte, d'un couvent voisin, un de ses amis, religieux aussi : il venait le voir et lui apportait un *parapluie*, qui avait servi à M. le curé d'Ars, et dont il avait eu le bonheur d'hériter. Ce bon frère, plein de confiance en cette précieuse relique, propose au malade de demander sa guérison, par les mérites du saint homme. Celui-ci refuse d'abord, disant que jamais il ne sera mieux préparé à paraître devant son Juge; mais il finit par céder aux instances des religieux. On se met en prières, et le parapluie est déposé sur le lit de l'agonisant; on cherche même à le faire saisir par ses mains défaillantes. Le frère qui était de garde la nuit releva plusieurs fois cet objet, que faisaient tomber les mouvements involontaires du malade.

Or, dès le lendemain matin, non-seulement on constata un mieux sensible dans l'état de celui-ci, mais il fut assez fort pour se lever seul, et voulut aller sans aide à la chapelle, afin d'y rendre grâce à Dieu de sa merveilleuse guérison. Le religieux du couvent qui nous racontait ce fait, nous a donné la certitude qu'un jour après le malade, complétement guéri, avait pu reprendre sa besogne, encore assez rude, car il était le frère-cordonnier du monastère.

De tels faits, passés à quelque distance d'Ars, rapportés par des témoins oculaires, sont bien propres, il faut en convenir, à faire naître dans l'âme une religieuse impression, surtout quand on a le bonheur de visiter les lieux que remplissait naguère de sa sainte présence et déjà même de ses nombreux miracles le pasteur de cette heureuse paroisse.

Aussi, le lendemain de notre arrivée à Ars, nous nous arrachions péniblement à ce bon pays pour nous rendre à un sanctuaire beaucoup plus ancien et plus illustre, celui de Notre-Dame-de-Fourvières à Lyon, que M. Vianney lui-même, au commencement de sa carrière pastorale, s'était fait un bonheur de visiter, entraînant à sa suite sa paroisse presque tout entière.

Pour croire à l'affluence des pèlerins qui encombrent la chapelle de Fourvières, il faut l'avoir vue ; et sans doute beaucoup de vous, Messieurs, ont eu cet avantage. A ceux qui n'ont pu encore se le procurer, je dirai, en les engageant à diriger leur premier voyage de ce côté, qu'à Fourvières, on est tout en Marie, et que les nombreux *ex-voto*, qui tapissent la sainte chapelle de haut en bas, proclament mieux que tous les rapports qu'on peut en faire la bonté et la puissance de notre bonne Mère du Ciel.

Mon compagnon de voyage, prêtre de ce diocèse, eut l'avantage de dire la sainte Messe à l'autel privilégié, et je me procurai l'honneur de la servir. Les Messes y étaient d'avance tellement assurées, que, pour obtenir la faveur de célébrer sur le saint autel, il fallut promettre de commencer entre trois heures et demie et quatre heures, tous les autres moments étant pris jusqu'à midi.

Nous aurions désiré nous édifier plus d'un jour dans ce vénéré sanctuaire, et nous trouver plus longtemps mêlés à cette foule compacte de pieux pèlerins, qui se pressent à toute heure de la journée sur les dalles de la sainte chapelle, et donnent à ceux qui les voient prier le touchant spectacle d'une confiance sans bornes à la sainte Vierge, que notre cher pays de France et surtout la bonne ville de Lyon se font un honneur de manifester hautement et sans aucun respect humain. Mais nous avons hâte de nous rendre à un autre pèlerinage, auquel la canonisation prochaine de la bienheureuse Germaine donnait un charme et un intérêt particulier : c'était Pibrac. Le même jour donc, le bateau à vapeur nous conduisait à Valence.

En passant devant la ville de Tain, nous avons salué de nos vœux les bonnes religieuses, qui se dévouent aux soins des malheureux épileptiques, et le noble fondateur d'un établissement aussi utile. Je me rappelais, et sans doute vous ne l'avez pas oublié, chers confrères, que M. le marquis de Larnage, au commencement de son entreprise, a fait appel à la charité publique ; sa voix a été entendue de nos conférences, de la nôtre en particulier. J'étais donc un peu en pays de connaissance ; aussi ai-je appris avec grande joie, d'un habitant de ces contrées, avec lequel je m'entretenais sur le bateau, que le généreux marquis avait tout récemment obtenu un commencement de récompense, par la guérison toute miraculeuse de madame la marquise, arrivée cette année même. La pieuse dame souffrait depuis longtemps d'une tumeur, qui mettait sa vie en danger. Les médecins désespéraient de la guérison, et le mal empirait de jour en jour. Persuadée que l'intercession du vénérable Serviteur de Dieu pouvait lui obtenir ce qu'elle réclamait en vain de la science, elle demanda aux missionnaires d'Ars une petite relique ; et quelques jours après, elle recevait un *bout des cordons d'un soulier du saint Curé*. Aussitôt, elle applique ce précieux objet sur la plaie avec cette foi qui produit des miracles. Elle s'endort, et se réveille parfaitement guérie.

J'écoutais ce bon récit avec une religieuse attention, et je bénissais Dieu qui, dès ce monde, veut bien récompenser les vertus de ses fidèles serviteurs et donner à ses saints une telle puissance.

Après avoir dépassé les monts *Pilate,* où, dit-on, est mort le gouverneur de la Judée si tristement célèbre, et la petite ville de Vienne, lieu de sa sépulture, nous arrivons à Valence.

Là, nous avons consacré les quelques moments d'arrêt du chemin de fer à la visite de l'antique et fort belle cathédrale de cette ville. Bientôt la vapeur nous emporte de nouveau et nous fait passer devant Avignon ; nous regrettons de ne pouvoir visiter cette cité si intéressante qui ent l'insigne honneur d'abriter dans ses murs, pendant 70 ans environ, les successeurs de Saint-Pierre, et qui, pour cette raison, porte le nom de *Ville des papes.*

Une heure d'arrêt à Tarascon nous donna le temps de jeter un coup d'œil sur le magnifique château du roi René, aujourd'hui converti en prison. Des bords du Rhône, nous pouvons admirer à son autre rive les ruines encore fort belles de la demeure des Montmorency: elles dominent la ville de Beaucaire, séparée de Tarascon par le fleuve, très-large et surtout bien rapide en cet endroit.

Grâce au mouvement de l'impétueuse locomotive, nous passons rapidement devant Nîmes, Montpellier, Agde, Lunel, Frontignan: et nous voilà à Cette. A l'approche de cette ville, nous apercevons pour la première fois la mer! Son aspect grandiose, joint au vif désir que nous éprouvons de la traverser pour nous rendre à Rome, nous remplit d'une grande émotion, d'une douce espérance.

Mais avant d'arriver à la Ville Eternelle, nous avons un but à atteindre. Nous voulons visiter les contrées que la bienheureuse Bergère, qui va bientôt recevoir tant d'honneurs à Rome, et par suite dans le monde entier, a remplies de la bonne odeur de ses vertus; nous voulons nous édifier au récit des miracles nombreux qui, presque chaque jour, s'opèrent sur ses saintes reliques: et, quoique déjà fatigués par une longue route et une chaleur tropicale, nous nous hâtons de gagner Toulouse, en laissant derrière nous les villes de Narbonne et de Carcassonne. Nous ne sommes plus qu'à quelque distance du tombeau de la sainte Bergère ! Notre cœur bat plus fort que de coutume.

A notre entrée à Toulouse, notre premier soin est de nous informer de la distance qui nous sépare de Pibrac. On nous répond : 18 à 20 kilomètres. Mon compagnon, souffrant d'une jambe, ne peut faire le trajet à pied ; force nous est donc de prendre place dans un des omnibus, qui, chaque jour, font en grand nombre et chargés de pèlerins le service de Pibrac.

Après deux heures employées à parcourir la distance qui nous séparait du tombeau vénéré, nous apercevons le clocher de l'église où reposent les restes de la sainte Bergère, ce clocher, qui avait un si doux aimant pour la pieuse enfant ! A cette vue, nous croyons entendre la cloche, au son de laquelle Germaine quittait tout pour aller avec une joie angélique adorer son Jésus tant aimé !...

Pibrac ne nous offre rien de particulier, sinon un grand nombre de petites auberges, où chaque pèlerin vient avec ses provisions faire un frugal repas, toujours composé de ce qu'il a apporté, car ces restaurants ne peuvent lui fournir que du pain et du vin. N'est-il pas en effet plus que convenable que les lieux, sanctifiés par une si austère pauvreté, ne prêtent pas à des parties de campagne, qui, trop souvent, hélas ! deviennent des sujets de scandale ?

Notre première visite est tout naturellement pour l'église. Là sont déjà pieusement agenouillés quantité de pèlerins qui nous ont devancés. Les uns entendent la sainte messe, qui se célèbre en même temps aux trois autels, tant par les missionnaires du Sacré-Cœur attachés à l'église que par les prêtres étrangers qui affluent à Pibrac. D'autres sont prosternés dans la chapelle qui renferme les précieuses reliques, et font toucher par un prêtre constamment placé à côté de la châsse, des médailles à l'effigie de la Sainte, des images qui la représentent dans les différentes phases de sa vie, des statuettes qui la reproduisent sous diverses formes, et même du linge, des objets de tous genres, destinés à revêtir des infirmes que la maladie a empêchés de se rendre au saint tombeau.

Après avoir entendu la sainte messe, nous nous sommes mêlés à la foule, pieusement avides d'approcher de la châsse bénie nos lèvres tremblantes d'émotion. Inutile de dire que nous avons prié l'aimable Sainte avec toute la ferveur dont nous étions capables, pour nous d'abord, et aussi pour ceux qui nous sont chers. Nous pouvons assurer que nos confrères en saint Vincent de Paul ont eu leur part dans ces prières que nous étions venus de si loin répandre sur les précieuses reliques de la bienheureuse Germaine. Le reste du temps que nous laissait notre omnibus avant l'heure du départ fixé à midi, nous l'avons employé à aller visiter la maison qui a vu naître et mourir la sainte enfant de Pibrac. La distance est d'environ deux mille mètres. Chemin faisant, nous étions attendris à la vue des lieux que parcourait si souvent la pieuse bergère en se rendant à l'église de sa paroisse. Voici le petit ruisseau qu'elle traversa tant de fois, sans mouiller même légèrement ses habits, alors que cependant les pluies l'avaient grossi et en avaient fait un torrent impétueux.

Nous voyons d'ici la place où Germaine, entendant la cloche qui invitait à saluer Marie, se jetait à genoux souvent dans une boue épaisse et se relevait, après une fervente et longue prière, sans avoir la plus petite trace de saleté sur ses vêtements.

Plus près de l'habitation, se trouve le lieu où la charitable et douce enfant, menacée par le bâton de sa marâtre qui veut voir les quelques croûtes de pain qu'elle porte à ses pauvres, tombe presque évanouie, en voyant glisser de son tablier, au cœur de l'hiver, des fleurs nombreuses, remarquables par leur fraîcheur et le parfum qu'elles exhalent. Ne dirait-on pas qu'elle veuille par ce miracle, renouvelé de la grande sainte Elisabeth, préparer les immortelles couronnes destinées à ceindre son front, lorsqu'elle habitera les jardins de son divin Epoux !

Cependant, arrivés à la maison qui a été témoin de tant de douloureuses épreuves endurées par la bienheureuse Germaine, nous nous agenouillons, les larmes aux yeux, dans cet étroit et austère réduit, fidèle image de l'étable du Sauveur Jésus. Nous baisons pieusement la place qu'occupaient autrefois les sarments du lit de la sainte Bergère, et nous répandons quelques prières attendries, sous cet escalier qui a eu la visite des anges, lorsqu'ils vinrent la nuit chercher son âme si pure et si aimante. Comme nous aurions désiré prier plus longtemps dans ce saint lieu ! Mais déjà l'heure du départ approchait, et nous devions, sous peine de manquer la voiture, nous hâter de la rejoindre.

Tout édifié, du reste, de nos bonnes impressions, nous avons regagné Pibrac, en récitant le chapelet ; et après une dernière visite à l'église, un dernier baiser donné à la sainte châsse, l'omnibus nous emportait loin de ce bon pays, théâtre de tant de prodiges, et tout imprégné de l'odeur des vertus de Germaine.

La soirée que nous avons passée à Toulouse nous a permis de visiter quelques-uns des monuments religieux de cette grande ville. Outre la cathédrale, qui est très-remarquable et renferme de grandes beautés, nous avons surtout admiré les admirables et gigantesques proportions de l'église Saint-Sernin, ses nombreuses et magnifiques châsses, au nombre de plus de vingt, renfermant toutes de précieuses reliques, auxquelles va bientôt venir se joindre, comme un riche fleuron, celles de la future sainte de Pibrac.

Le lendemain, nous nous dirigions sur Marseille, en

compagnie de nombreux pèlerins, qui, comme nous, se rendaient à Rome ; c'est vous dire que le voyage a été on ne peut plus agréable, édifiant, et ne nous a nullement paru long. Bien que partis de Toulouse à 7 heures du matin, nous ne devions arriver à Marseille qu'à dix heures du soir ; mais notre bonne compagnie et les espérances de notre bonheur futur charmèrent délicieusement les loisirs de la route.

A Marseille, notre première visite est tout naturellement, le lendemain matin, à une des nombreuses églises de cette ville, et, après la sainte messe entendue, nous nous rendons à Notre-Dame de la Garde, pour demander à la puissante Protectrice des marins qu'elle veuille bien protéger notre futur embarquement.

Vous dire l'impression que l'on éprouve du haut de ce sanctuaire vénéré, à l'aspect de cette mer immense, qui en baigne les pieds, est chose difficile à rendre. Comme on se sent petit, faible, en face de ce gouffre béant et toujours agité qui roule au loin sur sa surface bleue d'énormes vaisseaux, qu'on prendrait vraiment pour de légères coquilles de noix, suspendues et agitées sur les abîmes !

Notre-Dame de la Garde est, comme Fourvières, un sanctuaire bien fréquenté, et ses murs sont couverts d'*ex-voto* d'une variété très-touchante. Les uns, et ce sont les plus nombreux, représentent des vaisseaux en péril, qui, battus par d'affreuses tempêtes, échappent enfin au gouffre qui va les engloutir, à la douce lumière de l'Etoile de la mer : cette protectrice toute puissante vient d'être invoquée par de fidèles et confiants passagers, qui, aussitôt débarqués, se font un devoir d'aller remercier la bonne Notre-Dame de la Garde.

D'autres disent, à leur façon pieusement originale, la puissance de la glorieuse Vierge dans les différents accidents de cette vie. Ici, c'est une voiture renversée, traînée par des coursiers fougueux et emportant dans leur course rapide d'infortunés voyageurs ; ces malheureux sont menacés d'une mort inévitable, quand, à l'invocation de la bonne Mère, les chevaux s'arrêtent comme par enchantement, et délivrent ainsi les malheureux affolés de terreur. Là, c'est un malade agonisant, étendu sur son lit de douleur ; de pieux parents qui l'entourent s'adressent en toute confiance à la Protectrice des affligés, et il se voit subitement rendu à une santé parfaite.

Outre ces nombreux *ex-voto*, qui disent si bien la bonté, la puissance de Celle qu'on n'invoque jamais en vain, l'église de la Garde offre le plus grand intérêt : ses murs sont entièrement de marbre, et les magnifiques chapelles qui forment les bas-côtés, excitent, par leurs riches ornements, la pieuse curiosité du pèlerin ; le maître-autel, d'un respect grandiose et magnifique, est surmonté d'une statue de la Vierge en argent.

Nous avons remarqué dans ce sanctuaire vénéré des pèlerins de bien des parties du monde, comme aussi de rangs bien différents ; là le marin et le soldat se coudoient avec le paysan ; et, à côté de simples prêtres, nous vénérions de nombreux et puissants prélats, qui se faisaient un bonheur, avant de se rendre à Rome, d'aller saluer l'auguste Reine des Cieux. Nous avons même eu l'avantage d'assister à une messe célébrée par un évêque brésilien, que nous devions retrouver sur le vaisseau.

II

Le lendemain, jour de notre départ pour Rome, après quelques heures consacrées à visiter les lieux que sanctifia de sa présence le tendre ami du Sauveur, le bienheureux Lazare, nous nous dirigions vers le port, d'où devait partir bientôt notre vaisseau, et nous porter à Civitta-Vecchia, première ville des Etats pontificaux du côté de la mer. Dire l'impression qu'on ressent, quand, pour la première fois, on pose le pied sur ces quelques planches, que la main de l'homme a assemblées, et qui ont le pouvoir de dompter le terrible élément, n'est pas chose facile; on éprouve de la joie, on éprouve de la crainte : c'est un admirable mélange de ces deux sentiments qui se tempèrent l'un par l'autre. Nous étions tout réjouis : Rome avec ses milliers de chefs-d'œuvres anciens et modernes, Rome et notre bien-aimé Pie IX, que nous désirions tant voir, ne nous apparaissaient plus qu'à une faible distance ! Et puis nous allions bientôt, suspendus sur les mystérieuses abîmes de la mer, admirer son immense étendue. Cependant, je vous l'avouerai avec simplicité, je ne pouvais, pour ma part, me défendre d'un certain effroi.... Et si dans quelques heures, me disais-je en moi-même, le vaisseau allait sombrer, et les eaux devenir mon tombeau ! Suis-je bien prêt !... J'étais préoccupé de ces pensées, lorsque le signal du départ est donné ; le navire quitte le port, et nous voilà bientôt en pleine mer. Le soleil, après une magnifique journée, allait nous cacher ses rayons, et c'est presque à la lueur d'un charmant crépuscule, que nous apercevons les derniers bâtiments renfermés en si grand nombre dans le port de la cité Phocéenne.

La nuit approche, et chacun sur le pont veut jouir de cette bonne soirée, et respirer l'air frais de la mer, qui nous caresse gracieusement de ses douces brises. Cependant nous ne quittons point de vue Notre-Dame de la Garde, qui, du haut de son sanctuaire, semble nous bénir et protéger notre traversée.

En ce moment, une pensée toute chrétienne s'empare des passagers ; et, sous la direction des évêques et archevêques qui sont à notre bord, on entonne le chant si beau, si approprié à la circonstance de l'*Ave maris stella* : et aussitôt plus de deux cents voix en poursuivent les admirables strophes ; et, comme si cet hymne eût été insuffisante pour satisfaire la dévotion de chacun, on y ajoute le chant du *Magnificat*, des *Litanies de la Sainte Vierge*. Elle était vraiment bien touchante cette solennelle manifestation ! Ils étaient vraiment beaux ces chants répétés par les nombreux pèlerins un peu de toutes les contrées du monde, que portait notre vaisseau! Oui, disons-le, pendant que l'écho du rivage déjà éloigné répétait à l'envi les accents de nos voix et de nos cœurs, plus d'une larme de douce joie se mêlèrent aux flots, qui scintillaient à nos pieds..... Cependant nos regards, qui ne pouvaient se détacher du sanctuaire de Notre-Dame, vont bientôt se perdre dans une nuit qui, malgré la lueur des étoiles, nous dérobe la vue de la douce image de Marie. Alors nous nous groupons autour de nos bons prélats, qui récitent à haute voix le chapelet, puis la prière du soir, et nous donnent, avant le repos, de bien précieuses bénédictions.

Le lendemain, aux premiers rayons du soleil, chacun était sur pied, récitant par groupe, ou en particulier, une prière matinale, et jouissant du spectacle de la pleine mer. Nous apercevons les côtes de Sardaigne et de Sicile. Voici l'île d'Elbe avec tous ses souvenirs! On nous signale à droite le célèbre château de *Monte-Christo*, dont le nom rappelle un des romans tristement fameux de la littérature française. Bref, après une journée assez agréable, malgré le rude tribut payé à la mer, chacun de nous attend avec impatience la soirée, qui doit nous procurer, comme c'est convenu, les mêmes chants, les mêmes prières que la veille. Les archevêques et évêques passagers ont bien voulu, sur notre demande, ajouter une courte allocution, chacun dans la langue de son pays pour satisfaire tout le monde. Nous avons eu, pour notre part, celle de Mgr de Macedo, évêque de Para au Brésil, parlant parfaitement le français. Sa Grandeur s'exprima en ces termes :

« Mes bien chers frères,

« Quel beau spectacle! quel spectacle ravissant que cette réunion de catholiques venus de toutes les contrées du monde habité, pour rendre un solennel hommage à leur Père commun !

« Soyez bénis, mes frères, de la démarche que vous faites aujourd'hui ! Elle fait honneur à vos sentiments, puisqu'elle témoigne de votre piété filiale et de votre dévouement à notre Saint-Père.

« Oh ! avec quel bonheur j'irai moi-même, venu des extrémités de la terre, saluer le vieillard auguste qui fait en ce moment l'admiration du monde! Avec quelle inexprimable joie je lui dirai : Père, je vous aime !...

« Que ce pieux voyage que nous faisons ensemble nous soit profitable! Unissons-nous de plus en plus à Jésus-Christ par la pratique de l'accomplissement de nos devoirs, et que notre attachement et notre soumission à son Vicaire augmentent de jour en jour! C'est ainsi que nous vivrons en paix ici-bas, et que nous mériterons de chanter ensemble l'*Hosanna* éternel !... »

Cette bonne allocution fut suivie de la bénédiction du

prélat, et, après de familiers entretiens avec ce pieux évêque, qui nous traitait vraiment en frères, on proposa de faire une collecte en faveur du Souverain-Pontife ; cette bonne idée fut à l'instant parfaitement accueillie, et on décida que le produit en serait versé entre les mains du Saint-Père lui-même, par un des évêques présents, au nom de tous les pèlerins que contenait le navire. Les dons s'élevèrent à la somme de cinq cent dix francs, juste celle nécessaire à l'entretien d'un zouave pontifical. La nuit qui suivit de si douces émotions ne pouvait être qu'excellente ; et puis, ne nous rapprochait-elle pas du but si ardemment désiré, de Rome, que gouverne et remplit de l'odeur de sa sainteté l'aimable Pie IX.

Aussi quand, vers onze heures du matin, on nous signala la terre, et que bientôt nous apparut la première ville des Etats du Saint-Père, tous les passagers, dont les cœurs battaient à l'unisson, la saluèrent par un *Te Deum* chaleureusement chanté. Quelques instants après, à midi environ, nous abordions à Civitta-Vecchia, au bruit du canon des forts et au son joyeux de toutes les cloches, qui annonçaient pour le lendemain la fête du *Corpus Domini* ou du Saint-Sacrement.

Nos premiers moments se passèrent à accomplir les formalités des douanes, fort tolérantes du reste dans les Etats Pontificaux. Deux heures après, nous montions en wagon, et nous nous dirigions vers la Ville Eternelle.

Le chemin de fer nous emporte à travers la campagne romaine, déserte et inhabitée de ce côté, où errent seulement quelques troupeaux de cavales et de buffles. Le bruit, les mouvements de l'industrie et de la société moderne font silence autour de Rome, comme pour préparer l'âme aux grandes et solennelles émotions qui l'attendent dans la Capitale du monde. L'immensité de cette campagne, éclairée par une lumière éblouissante, bornée par la mer et les collines, est pleine de charmes et de grandeur. Tout ce parcours est délicieux.

Le Tibre apparaît au milieu d'une vaste plaine; il décrit une courbe majestueuse entre des rives sans arbres ni verdure. Tout est grand, tout est immense.....

Voici la basilique de Saint-Paul, et déjà nous apercevons le dôme de Saint-Pierre : nous approchions de Rome, pleins d'émotion et de joie, et nous sentions que Dieu nous donnerait d'y passer quelques jours heureux.

III

Quelques instants après, nous entrons dans Rome, chantant en chœur, de toute la force de nos poumons, un joyeux *Lætatus sum in iis quæ dicta sunt mihi : in domum Domini ibimus :* « Je me suis réjoui de la bonne nouvelle; car nous irons dans la demeure du Seigneur !... » Oui, c'était vraiment dans la cité, dans la maison de notre Père commun que nous mettions le pied. Nos cœurs et nos voix pouvaient bien alors murmurer cette belle strophe d'un naïf et touchant cantique du cinquième siècle, déterré dans la poussière du Vatican : « O noble Rome, maîtresse du monde, la plus excellente des cités, rouge du sang des Martyrs, blanche de la blancheur des lis et des vierges, nous te saluons, nous te bénissons, à travers tous les siècles à jamais !... »

Enfin, il faut se séparer de ses compagnons de voyage, en se promettant bien de se revoir dans Rome. Après avoir obtenu la bénédiction de nos évêques pèlerins, dont la douce familiarité avec les moindres d'entre nous rappelait d'une manière si touchante la bonté du Sauveur, nous devions nous occuper de nous loger, chose assez difficile, vu le nombre considérable de pèlerins qui déjà encombraient Rome, et occupaient hôtels, couvents, et même beaucoup de maisons particulières, qui s'étaient généreusement mises à leur disposition.

Le souvenir d'un de nos bons et regrettés confrères, me revint heureusement : je demandai au premier soldat venu de la légion la demeure du capitaine Coste, et je me fis sans plus de gêne conduire à son domicile.

Le capitaine, reconnaissant un Langrois, un confrère de saint Vincent de Paul, me reçut avec cette douce cordialité que vous lui savez ; et grâce à ses bons soins et aux démarches pleines de prévenance de sa digne compagne, nous étions, quelques instants plus tard, confortablement installés, mon compagnon de voyage et moi, dans une maison particulière, tenant presque aux appartements du capitaine. Ce bon confrère fit plus : prévoyant l'embarras où nous serions de trouver, avant notre complète installation, un restaurant convenable, il nous offrit gracieusement, pour le repas du soir, une place à sa table.

J'ai cru, Messieurs, vous être agréable, en vous donnant ces détails sur l'hospitalité toute affectueuse que nous avons reçue chez cet excellent ami, et en ajoutant que, pendant notre séjour à Rome, il a été pour nous d'une obligeance et d'une charité toute fraternelle. C'est une dette de justice et de reconnaissance que je suis heureux de lui payer en votre présence. Je dois vous le dire aussi, ses premiers soins ont été de demander des nouvelles de notre conférence, et les détails bien affectueux sur chacun de vous, donnant des regrets à ceux qui nous ont quittés, et particulièrement à notre dernier défunt, le bon M. Auvigne, dont il appréciait l'infatigable et intelligente charité [1].

Le lendemain, à notre réveil (c'était le jeudi, jour de l'incidence de la fête du Saint-Sacrement), nous avons pu jouir du concert de toutes les cloches des églises de la Ville Eternelle, annonçant par leurs joyeux carillons la solennité du *Corpus Domini*, comme disent les Romains.

Aussi, après une prière de reconnaissance pour notre bonne réception, nous nous dirigions du côté de la place

[1] Le capitaine Coste, qui n'a demandé à entrer dans la légion d'Antibes que par dévouement au Saint-Père, devait avoir quelques mois plus tard, le 25 et le 26 octobre dernier, l'honneur de défendre, avec 300 hommes seulement, la place de Monte-Rotondo, assiégée par plus de 5,000 garibaldiens. Cette poignée de soldats tint bon pendant vingt-sept heures, c'est dire assez l'héroïque résistance qu'elle sut opposer à l'ennemi.

Pendant que M. Coste commandait la petite troupe, sa pieuse dame se tenait réfugiée avec son jeune Maurice, enfant de six ans, dans une chapelle, au pied d'une Madone.

Enfin, écrasé par le nombre, le commandant de la place dut capituler. Il traita lui-même avec Garibaldi, mais ne voulut jamais consentir à ne plus combattre contre lui ; il fut fait prisonnier avec les soldats qui lui restaient. On les conduisit par Florence et Pise, sur les bords de la mer, au fort de Varignano, où, grâce à la bienveillance de Mgr le cardinal-archevêque de Besançon, un vaisseau les prit pour les ramener à Civitta. La réception qui fut faite à cette poignée de braves, à leur entrée dans Rome, fut des plus enthousiastes. On leur offrit le lendemain un banquet, où de jeunes nobles de la ville se firent un honneur de les servir.

Saint-Pierre ; c'était là, autour de cette place immense, sous de vastes galeries, que devait avoir lieu la magnifique procession présidée par le Saint-Père.

Notre première rencontre fut celle des zouaves pontificaux, se rendant, musique en tête, au poste qu'ils devaient occuper à la cérémonie.

A la vue de ces généreux défenseurs du Saint-Siége, un *vivat* unanime et chaleureux s'échappa de toutes les poitrines ; et déjà on pouvait compter sur la place un nombre considérable de pieux spectateurs, attendant la cérémonie.

Après une heure environ, pendant laquelle eut lieu sous nos yeux le passage des voitures conduisant les prélats à la chapelle du Vatican pour la procession, le canon du fort Saint-Ange nous annonce la messe basse que célèbre le Saint-Père avant sa sortie, et une demi-heure plus tard, toutes les cloches de la basilique de Saint-Pierre nous avertissent qu'on se met en marche. Bientôt nous voyons la procession se dérouler sous l'imposante colonnade, dans l'ordre qui suit :

En tête, une compagnie de la légion romaine, commandée par notre capitaine Coste, qui paraissait, à bien juste titre, fier d'un poste aussi honorable.

La gendarmerie pontificale, avec son imposant costume, suivait la légion, puis les sapeurs et les tambours, tous coiffés d'imposants bonnets à poils, et ornés de riches épaulettes.

A quelque distance de ces troupes, qui forment la tête du cortége, voici le commencement du défilé des divers ordres religieux.

C'est d'abord l'hospice apostolique, composé des orphelins entrenus par le Saint-Père : ces intéressants enfants sont tous vêtus d'une soutane blanche, que rehausse un scapulaire de même étoffe et de même nuance. Leurs douces voix font entendre les belles hymnes du Saint-Sacrement, en usage pour cette cérémonie.

Les tiers-ordre déchaussés, vêtus de brun, les suivent de près ; ils sont précédés d'une imposante croix de bois, peinte en noir, à laquelle sont attachés des clous *fac-simile* de ceux qui ont percé Notre-Seigneur. Derrière eux, viennent les Augustins déchaussés, vêtus de noir, puis de nombreux capucins de tout âge, tous fort pauvrement habillés ; ils portent dans leur costume de larges pièces, dont la couleur plus vive fait contraste à l'usure de leurs habits, qui redisent avec éloquence leur attachement à la noblé pauvreté de leur saint fondateur.

Les Hyéronimites, couverts d'un capuce brun, marchent à leur suite, la corde au cou ; puis les Minimes en brun foncé, les tiers-ordre Franciscains chaussés, les Mineurs conventuels, les Mineurs de l'Observance, etc...

Bref, nous avons pu voir passer devant nous, chacun

un cierge à la main, et chantant gravement, les nombreux représentants des cinquante-sept ordres religieux d'hommes qui habitent la Ville Sainte ; tout le clergé des sept Basiliques ; environ quatre cents évêques et archevêques étrangers, marchant deux à deux, portant aussi chacun un cierge à quatre mèches, vêtus de chapes blanches et coiffés de mître de lin. Puis venaient tous les cardinaux romains et étrangers, plusieurs patriarches des pays orientaux, chacun portant le costume riche de ces contrées que rendait bien vénérable une longue barbe blanche. Le Sénat, en costume d'étiquette, les suivaient, avec les représentants des divers États, alors présents à Rome.

Enfin, comme couronnement de cette imposante réunion, la si douce, si aimable et surtout si modeste figure de Pie IX ! Il portait dans ses mains augustes le Saint des Saints, avec une vénération qui sentait la douce extase du Vicaire devant son éternel Pontife !...

Je m'arrête ici, Messieurs ! car je ne puis comprimer mon émotion, et les larmes qui s'échappèrent de mes yeux en cette touchante circonstance, me recherchent encore, comme elles sont revenues chacune des quatre fois que j'ai eu le bonheur de contempler l'angélique figure du Vicaire de Jésus-Christ sur la terre, et de recevoir la bénédiction de ce vénérable vieillard, successeur de saint Pierre, qui, depuis vingt ans, est sous le pressoir de la persécution.

Des témoins de cette touchante cérémonie auraient vu, pendant la procession, des larmes tomber des yeux du Saint-Père. Y aurait-il là quelque chose d'étonnant ? Le Sauveur, dit l'Evangile, déplorant l'ingratitude des Juifs, et jetant un regard sur la coupable Jérusalem, pleura sur elle. Pie IX, son vicaire, sait parfaitement aussi que sa puissance, comme celle de Jésus-Christ, est l'objet de la haine et de la persécution des méchants ; il entend leurs cris, leurs blasphèmes ; il les voit se précipiter en aveugles, et entraîner les peuples vers les abîmes éternels. Puis il considère les justes prosternés sur son passage, et qui adorent le Dieu-Sauveur sous les espèces eucharistiques ; alors, relevant la tête pour envoyer à Jésus un regard de tendresse et de filial dévouement..... il pleure !..... Larmes bénies de Pie IX, coulez comme une rosée salutaire, et purifiez le monde !

Non, jamais je n'oublierai les vives émotions qui, en ce moment, me faisaient tressaillir de joie et de bonheur.

Plusieurs fois, pendant la procession, nous pûmes voir le Saint-Père, dont la foi et la piété ravissaient tous les cœurs.

Quand le cortége pontifical fut sur le point de rentrer à Saint-Pierre, nous nous y précipitâmes avec la foule. La vaste basilique pouvait à peine contenir l'immense multitude.

Avant la bénédiction du Saint-Sacrement, le Saint-

. Père chanta lui-même l'oraison *Deus qui nobis,* avec une voix pleine, sonore, vibrante, qui remplit toute la basilique ; ce fait suffisait à lui seul pour mettre à néant ce que les mauvais journaux débitent chaque jour sur le mauvais état de sa santé. Quelques minutes après, un piquet de la garde-noble vint fendre la presse pour ouvrir un passage à Sa Sainteté, qui devait se rendre au Vatican. La Providence voulut que nous fussions placés, mon compagnon et moi, sur la première ligne, de sorte que nous vîmes encore une fois le Saint-Père de très-près. Tous se jetaient à ses pieds. Son regard était doux et tendre comme celui d'un père, et du meilleur des pères ; il bénissait, le sourire sur les lèvres, ses enfants de toutes les nations du monde ! Sans doute, bien des larmes ont coulé en ce moment ! Ah ! puisse cette précieuse bénédiction, puissent ces larmes de joie, répandues en ce jour, attacher invinciblement au service de Dieu les heureux témoins d'un si beau spectacle, et susciter de nombreux et magnanimes dévouements à la cause du Saint-Siége !!!

IV

La soirée de ce beau jour devait être employée à visiter
la basilique de Saint-Pierre, dont chaque chapelle est un
monument, chaque tableau un chef-d'œuvre, et chaque
statue un colosse de marbre, le plus beau et le plus ar-
tistement travaillé.

Nous nous sommes agenouillés pieusement devant la
Confession ou le tombeau de Saint-Pierre. C'est un monument remarquable de richesse et de beauté. La partie
supérieure est entourée d'une magnifique balustrade de
marbre, sur laquelle cent vingt-deux lampes de bronze
doré brûlent nuit et jour. Sur le pavé de la chapelle souterraine, la statue de Pie VI représente ce saint pontife
dans l'attitude de la prière. Mourant en exil, il avait
exprimé le désir que son corps fût déposé près du tombeau de saint Pierre. Ce vœu, qui pouvait sembler une
folie à l'heure où il fut conçu, a cependant été réalisé.
Si les papes vont en exil, la papauté ne meurt jamais.
Pie VI le savait, la Providence ne lui a pas manqué.

A droite, adossé au pilier le plus proche de la Confession, s'élève un trône d'évêque, et sur le trône on voit la statue en bronze d'un pontife, bénissant d'une main, et portant dans l'autre les clefs du royaume des cieux ; c'est Pierre qui vit toujours, et qui, à travers les siècles, est plus immobile encore dans son amour et sa foi, que le bronze dont son image est faite.

Nous nous approchons respectueusement, et nous remarquons que le pied droit de la statue, quoique de très-grande dimension, est littéralement *moitié usé* par les lèvres des pèlerins ; ce n'est point une exagération ; j'affirme le fait, pour l'avoir vu de mes yeux. Je l'avoue, ce spectacle me saisit et me toucha jusqu'aux larmes. Avec quel bonheur nous nous prosternâmes, nous aussi, le front contre terre, aux pieds du Prince des Apôtres, en témoignage de notre vénération et de notre dévouement ! Avec quelle joie nos lèvres tremblantes déposèrent sur le bronze béni un baiser d'amour, en même temps que nos cœurs suppliaient saint Pierre de nous ouvrir un jour, avec les clefs qu'il tient dans sa main, les portes du royaume des cieux !

L'histoire rapporte que le savant Baronius, ce vaste génie qui rendit d'immenses services à l'Eglise, en débrouillant le cahos des siècles passés, ne laissa pas, pendant trente ans, s'écouler un seul jour sans venir toucher de son front l'antique statue, et la couvrir de ses baisers. En même temps s'échappait de sa grande âme cette parole, simple en apparence, mais sublime de respect : *Pax et obedientia ; Credo Unam Sanctam, et Apostolicam Romanam Ecclesiam.* « *Paix et obéissance ; je crois en l'Eglise Une, Sainte, Apostolique et Romaine.* » Quel bel acte de foi et de soumission aux enseignements de la Chaire de saint Pierre, de la part de cette grande et noble intelligence !

Revenus de notre émotion, nous jetâmes un coup d'œil sur l'intérieur de la Basilique Vaticane. Quel noble et riche mausolée l'amour et la foi ont élevé au Prince des Apôtres ! L'imagination est saisie, en contemplant la magnifique coupole, qui surmonte la confession de saint Pierre, et c'est avec un tressaillement d'émotion qu'on lit en lettres gigantesques, placées au-dessous de la première galerie intérieure, les promesses faites à saint Pierre : *Tu es Petrus, et super hanc petram ædificabo Ecclesiam meam.* « *Tu es Pierre, et sur cette pierre je bâtirai mon Eglise.* »

Quelle description vous donner de cette immense coupole, que le génie de Michel-Ange a jeté dans les airs ? Ce sont des stucs dorés, des marbres, des mosaïques d'un effet riche et grandiose. Sur les piliers qui la soutiennent, les quatre Evangélistes sont représentés en mosaïque. Dans les quatre niches des piliers sont les statues colossales en marbre, ayant quinze pieds de haut, de sainte Véronique, saint Longin, sainte Hélène et saint André. Au-dessus des statues, on conserve les précieuses reliques de la Passion, une partie notable de la vraie Croix, le voile de sainte Véronique, un clou, des épines, la lance qui ouvrit le côté du Sauveur, et la tête de saint André. Nous admirons ensuite le magnifique et immense baldaquin de bronze, qui surmonte l'autel papal, placé au milieu de la coupole, et sur le corps même de saint Pierre; les colonnes torses et dorées qui le soutiennent ont, au moins, trente et quelques pieds de hauteur; elles sont, dit-on, remplies d'ossements de martyrs. Aux angles sont quatre anges debout, qui supportent un globe sur lequel est placée une croix; la hauteur de ce baldaquin monumental est de quatre-vingt-six pieds. Dans le fond, au chevet de la basilique, se trouve la chaire de saint Pierre, cette chaire sur laquelle l'Apôtre s'assit tant de fois dans les catacombes, et de laquelle il prêchait et administrait les sacrements; elle est renfermée dans une autre chaire de bronze doré, et soutenue par quatre statues colossales, représentant les quatre grands docteurs de l'Eglise : saint Athanase et saint Jean Chrysostôme pour l'Orient, saint Augustin et saint Ambroise pour l'Occident.

Pendant plusieurs siècles, les papes se servirent de cette chaire dans les grandes solennités, mais la vétusté faisant craindre que le déplacement n'occasionnât la perte d'une relique aussi précieuse, les Souverains Pontifes renoncèrent à son usage. Jusqu'à Alexandre VII, en 1667, les papes, le jour de leur couronnement, venaient s'y asseoir, et prenaient ainsi réellement possession de la chaire de saint Pierre.

En descendant, nous voyons de chaque côté de la grande nef, sur deux rangs superposés, les statues des fondateurs d'ordres religieux. Hommes et femmes, soutiens et défenseurs de l'Eglise, ils sont bien à leur place. Enfin, et pour ne point trop prolonger notre visite, si nous voulons voir les richesses de saint Pierre, approchons-nous des chapelles du Saint-Sacrement, de la Sainte-Vierge, du Chapitre, de la *Pieta* de Michel-Ange ; donnons un regard d'admiration à ces riches mosaïques qui embellissent saint Pierre, où vous ne voyez ni peinture, ni fresques, mais seulement des mosaïques, des marbres, des métaux les plus précieux.

Les riches tombeaux des papes, disposés avec tant de goût, appellent aussi notre attention.

Autour du tombeau du premier pape sont ensevelis presque tous les corps de ses successeurs ; dans ce nombre, il y en a trente-cinq qui furent saints et martyrs. Nous admirons d'abord le remarquable tombeau de Grégoire XVI, de fraîche mémoire ; il est en beau marbre de Carrare. Le Pontife assis, pose les pieds sur une belle urne d'albâtre oriental ; deux statues allégoriques du Temps et de la Prudence, appuyées sur le sarcophage, symbolisent le gouvernement sage et vigilant du Pontife. Plus loin le tombeau de Clément XIII. Un lion qui dort à ses pieds représente la douceur du Pontife, et un autre qui rugit, la force de sa conscience, qui ne voulut rien concéder aux demandes injustes qui exigeaient la destruction de la Compagnie de Jésus. Voyons sur le mausolée d'Alexandre VII la main décharnée de la mort, soulevant un rideau qui semble fermer l'entrée du sépulcre ; cet ouvrage, chef-d'œuvre du Bernin, est d'un réalisme effrayant...

Nous ne pouvons quitter la basilique de Saint-Pierre sans visiter sa coupole. Au premier pilier de la nef, à gauche en entrant, un escalier à rampes douces, que les Italiens appellent *Cordonnata*, nous conduit sur la plate-forme de l'église. On est tout étonné de trouver une petite ville à cette hauteur, et dans les combles de Saint-Pierre. C'est là, en effet, qu'habitent les *San Pietrini*, chargés de l'entretien et de l'appropriation de la basilique. Ses nombreux habitants, environ quatre cents, leur belle fontaine, construite par les ordres de Grégoire XVI, donnent à la plate-forme de Saint-Pierre l'aspect d'une place publique. En s'approchant de la balustrade et des statues qui couronnent la façade, on est tout surpris de voir que ces statues, qui, vues du bas, paraissent d'une grandeur ordinaire et d'un travail fini, n'ont cependant pas moins de vingt-cinq pieds de hauteur, et ne sont guère que d'énormes blocs de pierre grossièrement ébauchés.

La coupole est enveloppée par une autre, et c'est entre ces deux murailles qu'on parvient au sommet. De ce sommet, on monte par une échelle de fer jusqu'au globe, qui, vu du bas, semble une boule de moyenne grosseur ; cependant *seize personnes* peuvent y tenir à l'aise. Sur ce globe, image du monde, la croix domine et triomphe.

Avant de quitter cette basilique, la première du monde par la richesse et les immenses proportions, nous nous agenouillons une dernière fois devant la confession de Saint-Pierre, le cœur plein d'émotion, et laissant un libre cours à nos pensées et à nos sentiments.

« Eh quoi ! me disais-je en moi-même, un batelier de Galilée, ignorant, inconnu, sans talent, sans fortune, quitte un jour ses filets pour obéir aux ordres d'un juif, mis à mort parce qu'on le regardait comme un criminel, et s'élance sans autres armes qu'une croix de bois, à la conquête spirituelle du monde ! Il vient frapper aux portes de Rome la Superbe, et y prêche la doctrine du juif son maître, doctrine qui condamne les lois barbares du peuple et des grands. Bientôt cet insensé selon le monde, est pris, bafoué, chargé de fers, plusieurs fois traîné en prison ; Rome, pour le punir de sa téméraire audace, le crucifie !... Et quelque temps après, le tombeau de ce même crucifié était devenu l'objet d'une grande vénération ; la doctrine qu'il prêchait, on l'avait adoptée et prise pour règle de conduite ; il possédait, à Rome même, non loin du lieu de son supplice, un oratoire, bientôt un temple magnifique, que lui avaient élevé la foi et la reconnaissance, et où, de tous les points de l'univers, des hommes de toute condition, des savants, des riches, des empereurs même, se faisaient une joie et une gloire de se rendre nu-pieds, en habits de pénitents, pour y vénérer ses cendres, et appliquer leurs lèvres, non pas sur le front, ils ne s'en trouvaient pas dignes, mais sur le pied de sa statue ! O raison humaine, comment expliqueras-tu ce mystère naturellement inexplicable ! Ne vois-tu pas dans ce grand et prodigieux événement, l'intervention manifeste du souverain Maître, qui a voulu se servir de ce qu'il y a de plus faible en apparence, pour fonder ce qu'il y a de plus fort sur la terre, son Eglise ?... Evidemment le doigt de Dieu est là ! »

Préoccupés de ces pensées, nous nous rendons à notre hôtel, pour prendre un peu de repos, et en nous promettant de continuer nos pieuses visites le lendemain de très-bonne heure.

V

Le lendemain, nous sommes de bon matin à Sainte-Marie-Majeure, où se célébrait ce jour-là (21 juin), comme du reste dans toutes les églises de Rome, la fête de l'anniversaire du couronnement de Pie IX.

Sainte-Marie-Majeure est le plus beau temple que la piété filiale ait élevé à Marie, notre mère à tous. La façade de l'église se compose de deux portiques d'ordre ionique et d'ordre corinthien, placés l'un sur l'autre. Une belle mosaïque, représentant le miracle des Neiges, orne le fond du portique supérieur.

Le balcon placé au milieu est l'endroit où le jour de l'Assomption le Souverain-Pontife donne la bénédiction *urbi et orbi.*

En entrant dans la basilique, on est vraiment écrasé par l'ensemble élégant et gracieux que présentent ces trente-six colonnes de marbre blanc, cette mosaïque de fleurs qui court sur toute la frise, ce plafond ruisselant d'or et de peintures, ce pavé de marbre blanc, sur lequel on est heureux de s'agenouiller pour admirer en priant ce monument noble et gracieux comme la Vierge qu'on y vénère.

Pie IX vient encore d'enrichir cette basilique. Déjà elle possédait un trésor inappréciable : la crèche où le fils de Dieu et de Marie a voulu reposer en venant au monde dans l'étable de Bethléem : précieuse relique, apportée à Rome en 642; elle fut déposée dans l'église de Sainte-Marie-Majeure, qu'on appela alors *Sancta Maria ad Præsepe.* Le corps de saint Jérôme fut apporté avec elle, et il repose dans la même chapelle : l'Eglise ne voulut point séparer de la crèche celui qui en avait été le fidèle gardien.

Le Saint-Père vient de faire construire une *confession* à Sainte-Marie-Majeure pour recevoir la crèche du Sauveur; elle surpasse en éclat et en richesse celle de Saint-Pierre. Cette *confession* ou chapelle basse est placée au-dessous du maître-autel; on y descend par deux escaliers de marbre le plus fin et le plus varié en couleurs. Ces escaliers, placés de chaque côté de la confession, ont chacun vingt marches, et les murs qui les appuient sont aussi de marbre aux plus riches dessins.

Notre saint Pontife a choisi le bas de cette chapelle pour le lieu de sa sépulture. Pie IX aime trop la gloire de Marie pour n'avoir pas songé à lui confier la garde de ses cendres.

De chaque côté du grand autel, se trouvent deux magnifiques chapelles : à droite est celle du Saint-Sacrement, dont les murs, la coupole, sont décorés de belles peintures. En face l'un de l'autre, sont les tombeaux de deux grands papes : saint Pie V et Sixte V ; le corps de saint Pie V repose dans une urne de vert antique ; celui de Sixte V est orné de sa statue en marbre blanc, placé entre quatre colonnes de vert antique, et accompagné des statues de saint François et de saint Antoine. Au milieu de la chapelle est l'autel du Saint-Sacrement, dont le tabernacle, du plus beau marbre, est porté par quatre anges de bronze doré.

Une petite chapelle construite sous l'autel même du Saint-Sacrement, renferme du foin qui fut dans la crèche du Sauveur, et une partie de ses langes.

Dans la magnifique chapelle Borghèse, où chaque année, le 5 août, jour anniversaire du miracle des Neiges, pendant tout le temps de l'office, on jette du sommet de la coupole sur le pavé des pétales de fleurs pour représenter le miracle, nous avons pu vénérer la Madone, peinte par saint Luc ; elle est au-dessus du maître-autel, sur un fond de lapis-lazuli, et soutenu par quatre anges de bronze doré.

Les autres chapelles sont d'une beauté analogue. Mais il nous faut quitter l'admirable basilique pour nous rendre à Sainte-Croix-de-Jérusalem, charmante église, élevée par les soins de la sainte impératrice Hélène, pour recevoir la vraie Croix ; elle la fit placer dans un petit oratoire rempli, par ses ordres, de la base jusqu'au sommet, avec la terre du Calvaire. Sous le riche pavé de marbre que nous foulons, sont des pierres, également apportées du Calvaire...

Pour vénérer les précieuses reliques de la Passion, conservées dans cette église, il faut être accompagné d'un évêque. Mais en raison des fêtes qui attirent si grand nombre de pèlerins à Rome, on a fait une exception dont nous profiterons.

Ces reliques sont belles et nombreuses : il y a une portion notable de la vraie Croix, deux épines de la couronne de Jésus-Christ, un des clous qui le fixèrent à la Croix, une partie de la corde avec laquelle on l'attacha à la colonne de la flagellation, un fragment de l'éponge trempée dans le fiel et dans le vinaigre qu'on lui présenta pour l'abreuver, le doigt que saint Thomas mit dans les plaies du Sauveur, et enfin le titre de la vraie Croix sur lequel on peut lire, bien que déjà usés par le temps, peints en rouge, les mots suivants : *Iesus Judeorum Nazarenus Rex;* seulement les deux dernières lettres du mot *Judeorum* manquent.

Dans la basilique de Sainte-Croix reposent, sous le maître-autel, dans une urne antique en balsate, les corps de saint Césaire et de saint Anastase.

Pendant le temps pascal, le Souverain-Pontife se rend à l'église de Sainte-Croix-de-Jérusalem pour y faire la bénédiction des *Agnus Dei.* On donne ce nom à des médaillons de cire vierge ovale, que le Pape bénit et oint de chrême; ils portent d'un côté l'empreinte de l'Agneau, et sur le revers l'image de la sainte Vierge ou d'un saint que choisit le Pape consécrateur. Ces *Agnus* sont préparés par des moines de l'ordre de Cîteaux, qui desservent l'église de Sainte-Croix-de-Jérusalem.

De cette église nous nous rendons à la chapelle qui renferme la *Scala sancta* ou le *saint Escalier* que Notre-Seigneur, conduit par Pilate, gravit plusieurs fois, et arrosa de son sang avant d'être présenté au peuple en *Ecce Homo.*

Cet escalier, qui fut apporté à Rome par la grande sainte Hélène, se compose de vingt-huit degrés de marbre, qu'on monte à genoux et sans se relever; de nombreuses indulgences sont attachées à ce pieux exercice. Nous avons eu le bonheur de gravir, le cœur vivement ému, ces degrés sacrés, en baisant avec amour les endroits marqués du sang de Jésus-Christ.

Cet escalier conduit à une petite chapelle supérieure, appelée le *Saint des Saints;* on lit cette inscription à son entrée : « *Non est in toto Sanctior orbe locus* : « *Il n'y a pas de lieu plus saint dans le monde entier.* »

Cette chapelle renferme une grande quantité de reliques; on y vénère une image de Notre-Seigneur, qui, suivant une pieuse tradition, n'a point été faite par la main des hommes : on dit qu'esquissée par saint Luc, elle fut achevée par les anges.

Touchés et émus de tant de souvenirs vivants de la

Passion (c'était un vendredi), nous descendons par un des escaliers qui sont à droite et à gauche de la *Scala sancta*, et nous nous rendons au Colysée. Le Colysée était le grand amphithéâtre de Rome. Construit en pierres de Tivoli, aussi dures que le marbre, et qui n'ont rien à craindre du feu, il forme un ovale dont la hauteur est de 157 pieds sur 1644 de circonférence.

Ce monument merveilleux, reste de la grandeur et de la décadence du peuple Romain, fut arrosé du sang d'un nombre presqu'infini de chrétiens de tout âge, de toute condition. C'est là surtout qu'il fait bon de méditer sur les souffrances de tant de martyrs et la passion du Sauveur, leur divin Modèle.

A l'endroit même où tant de saintes victimes ont été attachées pour devenir la proie des bêtes affamées, s'élève une grande croix de bois, peinte en rouge; elle est ornée des divers instruments de la Passion, aussi représentés en bois.

Le tour de cette immense arène, qui contenait à l'aise cent mille spectateurs, est aujourd'hui orné des quatorze stations du chemin de la croix. Nous parcourions silencieusement et recueillis ces lieux qui nous rappelaient tant de souvenirs, quand tout à coup nous apercevons à l'entrée principale une foule considérable précédée d'une croix de bois portée par un pénitent gris, que suivent de nombreux confrères vêtus du même costume. Tous, un cierge à la main, chantent sur un ton grave et imposant des chants préliminaires à l'exercice du chemin de la croix.

Après une allocution adressée à la foule par un Père Franciscain placé sur une estrade de bois, peinte en rouge, on commence les prières auxquelles chacun répond à haute voix ; c'était vraiment un spectacle touchant de voir cette foule pieusement agenouillée dans la poussière, et beaucoup d'entre les assistants les pieds complétement nus.

Je n'ai pu quitter ces lieux aujourd'hui un peu déserts et couverts d'herbe en certains endroits, sans en cueillir quelques brins, et sans ramasser, à l'exemple des pèlerins qui nous entouraient, un peu de cette poussière que nous touchions ; je conserve ces objets comme une pieuse relique.

Je me disais que cette herbe avait cru à la place même, où tant de jeunes gens, de vierges, de vieillards avaient été couchés, attendant avec patience le signal qui devait lancer sur eux les lions et les tigres ; et ce cri : *Les chrétiens aux bêtes*, prononcé par des milliers de spectateurs demandant de nouvelles victimes, retentissait à mes oreilles, comme un émouvant écho !... C'était la fin d'une journée remplie d'attendrissantes émotions.

VI

Le lendemain, l'excursion que nous devons faire sera moitié païenne, moitié chrétienne.

Nous commencerons par le Capitole, la célèbre colline des triomphateurs. Nous voyons, à côté, la roche Tarpéienne d'où on a précipité tant de criminels.

Nous admirons le palais Sénatorial, devant lequel se dressent les statues gigantesques de Castor et de Pollux ; elles sont en marbre, posées au sommet de la rampe sur deux grands piédestaux ; auprès, leurs chevaux de bataille.

La place du Capitole forme un carré ; au milieu est la statue équestre de Marc-Aurèle, une des plus belles œuvres que l'antiquité nous a léguées ; il y a tant de naturel dans la pose du cheval que Pierre de Cortone lui disait souvent : « Marche, marche donc, oublies-tu donc que tu vis ? » A gauche, est le musée Capitolin, et à droite, le palais des Conservateurs.

Mais nous avons hâte de nous rendre à l'église de l'Ara-Cœli, bâtie sur les ruines du temple de Jupiter Capitolin.

L'escalier par lequel on monte dans l'église de l'Ara-Cœli, est formé de cent vingt marches de marbre blanc, provenant du temple que Numa avait dédié à Romulus sur le mont Quirinal. L'église à trois nefs est supportée par vingt-deux colonnes qui ont été prises dans les anciens palais et les anciens temples de Rome.

A gauche du maître-autel, à l'endroit même où la sainte Vierge apparut, dit-on, à Auguste, on a bâti une chapelle en l'honneur de sainte Hélène. Le corps de la glorieuse impératrice repose sous l'autel.

Ne quittons pas cette église, sans vénérer la statue miraculeuse et si populaire à Rome de l'enfant Jésus, ou comme les Romains disent, du *Sanctissimo Bambino*. Elle est vêtue de soie, de dentelles et de pierres précieuses. La dévotion du peuple romain pour cette statue est fort grande ; les malades lui baisent amoureusement les pieds pour obtenir une guérison qui leur est souvent accordée.

L'église d'Ara-Cœli renferme deux peintures attribuées à saint Luc ; les religieux qui desservent l'église vous les montrent avec grande révérence, toujours entourées de nombreux cierges qui restent allumés tout le temps que le tableau est découvert.

Du haut du Capitole, où nous ramène notre itinéraire, nous pouvons admirer les imposantes ruines de l'antique *Forum romanum*.

Chaque pape a travaillé à faire sortir de la poussière

quelques-unes de ces ruines ; mais on peut dire, qu'aucun, plus que Pie IX, n'a mis autant de diligence à poursuivre les recherches de ces intéressants souvenirs, et à les rétablir dans leur antique place ; son nom est partout gravé, comme réparateur des nombreux monuments, et de la Rome chrétienne et de la Rome païenne. Nous nous réjouissions à cette vue qui nous disait une fois de plus, l'admirable universalité d'action du saint Pontife qui gouverne si sagement l'Eglise.

Mais avant de parcourir cette immense place publique, nous voulons voir les prisons que ce fier et glorieux Capitole cache dans ses entrailles. Les touristes les visitent, en souvenir de Jugurtha, qui y fut enfermé et condamné à mourir de faim. Nous irons avec d'autres pensées et d'autres sentiments. Nous voulons en effet visiter et vénérer ce cachot noir et humide, où le cruel Néron fit jeter les apôtres Pierre et Paul, et d'où ils furent retirés pour être conduits au martyre.

La prison se compose de deux souterrains placés l'un au-dessous de l'autre. On descend par un escalier moderne, à vingt-cinq pieds sous terre, dans le cachot supérieur appelé proprement *Prison Mamertine*. Sous les Romains, il n'y avait ni escalier, ni porte : on y glissait les condamnés par une ouverture circulaire pratiquée au-dessus de la voûte, et qui est encore fermée par une grille de fer. Le cachot a vingt-quatre pieds de longueur sur dix-huit de largeur et treize d'élévation ; un étroit soupirail laissait arriver un peu d'air et de lumière.

Au-dessous du premier cachot, il en existe un second plus étroit, plus bas d'étage et totalement privé de lumière. On y descendait aussi les condamnés par une ouverture pratiquée au milieu de la voûte.

C'est là que les saints Apôtres passèrent le temps de captivité qui précéda leur martyre. Un petit autel est élevé dans ce sombre cachot pour y célébrer les saints Mystères.

Nous avons baisé avec émotion et fait toucher à tous les objets que nous devions rapporter de Rome, la colonne de granit où furent attachés les deux Apôtres.

Nous avons aussi bu, avec grand respect, de l'eau de la fontaine que fit jaillir miraculeusement saint Pierre pour baptiser ses deux geôliers convertis, Processe et Martinien.

Sortis de la sainte prison, nous nous trouvons sur le *Forum*, l'ancienne place publique romaine. Là encore tout est souvenir. Cette vaste place est traversée dans toute sa longueur par la voie triomphale ; ses ruines en sont grandioses et majestueuses, et rappellent encore son antique splendeur.

Au milieu de ses débris, au pied du Capitole, se dresse majestueusement l'Arc de Septime-Sévère, élevé à cet empereur par le Sénat et le peuple romain, après les victoires qu'il remporta sur les Parthes. Il est en marbre blanc, formé de trois arcades et orné de huit colonnes cannelées ; sauf quelques bas-reliefs que le temps n'a

pas respectés, il est encore en bon état de conservation..
A côté, sont d'énormes colonnes rangées en cercle ; on
croit que leur destination première fut dans la place occu-
pée par la tribune aux harangues, cette tribune si mémorable dans l'histoire du peuple romain. Le souvenir
de Cicéron, qui l'illustra, se présente à la pensée ; plus
d'une fois son éloquence calma la foule tumultueuse qui,
plus tard cependant, venait applaudir Antoine, lorsque
du haut de cette même tribune, celui-ci présentait au
peuple la tête sanglante de l'orateur. Un peu plus loin,
nous voyons l'Arc de triomphe de Titus, élevé à cet empereur en souvenir de sa victoire sur la nation Juive ; il
est décoré de bas-reliefs d'un beau travail.

Dans la partie que nous parcourons au delà du Forum,
les monuments chrétiens semblent faire une légitime con-
currence aux ruines encore debout de l'antique Rome
païenne.

C'est d'abord l'église consacrée à sainte Martine,
vierge-martyre, fille d'un consul romain. Son corps repose au pied du Capitole, sur le bord du chemin que ses
aïeux parcoururent plus d'une fois dans leurs jours de
triomphe. Plus loin, le sanctuaire dédié à saint Adrien,
bâti sur l'emplacement d'un ancien temple de Saturne ;
sous l'autel repose le corps de ce glorieux martyr de
Jésus-Christ.

A côté, voici l'église de *Saint-Laurent in Miranda* ;
le portique, qui est d'un temple dédié à Antonin et à

Faustine, est composé de dix grandes colonnes d'une seule pièce de marbre Cipolin.

Avançons; nous voyons l'église de saint Côme et de saint Damien; elle est bâtie sur les ruines, peut-être avec les pierres mêmes du temple de Romulus, ce premier roi de la Cité-Reine.

Un peu plus loin se trouve l'église souterraine où le pape saint Félix fit jaillir miraculeusement une source pour baptiser les chrétiens qui se dérobaient avec lui, dans ce cachot, à la persécution des Ariens. C'est dans ce lieu que fut découvert le corps de ce pape.

Voici maintenant les ruines de la basilique de Constantin, longtemps connue sous le nom de temple de la Paix. C'était vraiment une des merveilles de Rome; on le devine à la beauté de ses ruines, de ses voûtes immenses de plus de vingt mètres de largeur, et des blocs de marbre blanc, taillés jadis par un habile ciseau, qui gisent à terre.

A côté, l'église de Sainte-Françoise-Romaine est bâtie à l'endroit même où le Prince des Apôtres remporta sur Simon le Magicien une si célèbre victoire; on y conserve bien précieusement les deux pierres sur lesquelles s'agenouilla l'Apôtre pour demander à Dieu la confusion de cet ennemi de l'Eglise. On y baise l'empreinte de ses deux genoux, en priant Dieu de confondre toujours ses ennemis et ceux de sa sainte Eglise, par la bouche et par la prière de Pierre.

Avant de quitter le Forum, nous avons à jeter un regard sur les ruines du temple de Vénus et de Rome.

Puis nous passons sous l'Arc de Constantin, parfaitement conservé après quinze siècles, pour nous rendre à l'église où le grand pape saint Grégoire se plaisait à donner aux pauvres une si paternelle hospitalité.

L'église de saint Grégoire appartient aux religieux Camaldules, dont l'ordre a donné à l'Eglise deux papes dans ces derniers temps, Pie VII et Grégoire XVI ; une inscription, gravée au-dessus d'une humble et modeste cellule, rappelle quelle fut la demeure de ce dernier pape.

Dans le jardin du couvent, trois petites chapelles méritent l'attention. Dans la première, dédiée à sainte Sylvie, mère de saint Grégoire, on peut admirer la noble et gracieuse pose de la statue de la Sainte, qui sort des mains du grand Michel-Ange.

La seconde chapelle, consacrée à saint André, représente sur ses murs le saint Martyr allant au supplice ; cette fresque est admirable ; on a peint en face la flagellation de saint André ; la tête du Saint est très-belle ; la figure du juge qui préside à l'exécution est ignoble ; les bourreaux occupés, l'un à lier les pieds du Martyr, l'autre à le frapper de verges, sont peut-être les personnages les mieux rendus, sauf cependant l'épisode d'un petit enfant effrayé du supplice infligé à saint André, qui se cache la tête dans les bras de sa mère.

Ces deux fresques, de deux grands artistes, sont de toute beauté.

Dans la troisième chapelle, dédiée à sainte Barbe, on vénère la table de marbre autour de laquelle saint Grégoire réunissait douze pauvres et leur donnait chaque jour à manger. Or, il se trouva un jour que ce nombre fut augmenté. Un ange s'était assis au milieu d'eux, et depuis ce temps Grégoire en admit toujours un treizième. Une inscription latine rappelle ce miracle par lequel Dieu voulut encourager la douce charité du Pontife.

Quelques pas seulement nous séparent du couvent des Passionnistes. Leur église, consacrée aux deux illustres martyrs saint Jean et saint Paul, possède un des plus curieux pavés de mosaïque que l'on voie à Rome ; il est composé de pierres précieuses et variées.

Les corps des saints martyrs reposent dans une urne de porphyre, sous le maître-autel.

Les Passionnistes portent la soutane noire, un chapelet à la ceinture et un cœur blanc sur la poitrine, avec ces paroles : *Jesu-Christi Passio.*

Du haut du jardin des bons Pères, on jouit d'une vue magnifique et justement vantée ; on découvre tout le mont Aventin qui, comme le mont Cœlius, est solitaire et dépeuplé. Ses églises, éparses, s'élèvent parmi des vignes solitaires et de grands espaces remplis de roseaux. Nous contemplons aussi les immenses ruines du palais des Césars, sur le mont Palatin. Auguste fut le premier qui commença la construction de ce palais grandiose; Tibère et Caligula, le trouvant trop modeste, en prolongèrent la construction jusqu'au Forum, avec de gigantesques portiques; ce dernier y fit même élever un temple en son honneur, dans lequel il plaça sa statue d'or.

Quand Néron monta sur le trône, il ne put se contenter de la demeure de ses prédécesseurs; son orgueil et son amour du luxe en exigeaient davantage; il fit donc de nouvelles constructions plus grandes encore. Mais un jour, ce fou, trouvant que son palais était trop étroit, et indigné contre lui-même, veut faire une nouvelle ville et un nouveau palais; il met le feu à la ville de Rome et il regarde les flammes du haut de la tour de Mécène, déguisé en tragédien, et chantant les vers qu'il a composés sur l'incendie de Troie.

La place devenue libre, il peut construire une demeure à son goût et faire une nouvelle Rome, qu'il rêvait d'appeler de son nom.

Bientôt, en effet, la ville se releva de ses ruines, et un magnifique palais s'éleva comme par enchantement sur les trois collines du Palatin, de l'Esquilin et du Cœlius. Ce palais, connu sous le nom de Maison-d'Or, s'étendait depuis le grand cirque jusque vers le lieu où est située Sainte-Marie-Majeure; et, selon certaine épigramme, il menaçait de faire de Rome une seule maison.

Ce sont des jardins immenses, des lacs, des prairies, des vignes, des forêts; les appartements sont d'une richesse inouïe; il a fait appel à toutes les parties du monde pour les orner. Les marbres les plus précieux, les pierres les plus riches, les perles les plus rares, l'or le plus fin, décorent les murs de cette somptueuse demeure. Des milliers de statues, œuvres d'art de la Grèce, peuplent les appartements, les portiques et les jardins; les souterrains eux-mêmes sont ornés de peintures, et des odorifères exhalent les parfums les plus suaves, comme les bouches de nos calorifères nous envoient la chaleur; la statue de Néron, d'argent et d'or, haute de cent vingt pieds, s'élève au milieu des jardins.

De cette superbe demeure, détruite par Vespasien et Titus, il ne reste plus que quelques chambres souterraines. Sur le mont Esquilin, ces empereurs voulurent anéantir jusqu'au souvenir même de Néron; dans les jardins de son palais, ils firent élever l'amphithéâtre, et consacrèrent au soleil la statue qu'il avait érigée en son honneur.

Peu à peu, la demeure impériale fut de nouveau circonscrite sur le Palatin, son ancien emplacement; et sur les ruines de ce palais, on voit maintenant une église dédiée à sainte Anastasie, illustre martyre. Ces lieux, qui furent si longtemps souillés au temps des Césars, sont aujourd'hui sanctifiés par le sang des martyrs chrétiens et les œuvres de pénitence des bons religieux de Saint-François, dont le couvent s'élève sur les ruines du magnifique palais de Septime-Sévère.

Leur église, consacrée à saint Bonaventure, possède un trésor bien précieux : c'est le corps du bienheureux Léonard de Port-Maurice, mort en 1751, à l'âge de 95 ans, et qui a échappé à la corruption du tombeau. Comme celui du bienheureux Crispino de Viterbe, dans l'église des Capucines de la place Barberini, il est parfaitement conservé ; on dirait qu'il vient de mourir : admirable glorification d'une chaire virginale et pure !

Aujourd'hui le Palatin est devenu en grande partie la propriété de Napoléon III.

Des fouilles récentes ont déjà mis à nu une partie des constructions de l'ancien palais impérial ; les différentes salles qu'on y découvre possèdent encore une partie de leur pavé de marbre et de mosaïque. Au pied de la colline, à l'endroit même qui fut la demeure des Vestales, on trouve l'église de Sainte-Marie-Libératrice, qui servit autrefois à un couvent de religieuses.

La nuit, qui nous surprit au milieu de ces merveilles, nous força à regagner notre logis, et nous fîmes le chemin, assez long du reste, récitant le chapelet en compagnie de nombreux pèlerins qui, comme nous, terminaient leurs visites de ce côté de Rome.

Les rêves de cette nuit furent naturellement tout dorés des souvenirs que nous avaient laissés les pérégrinations de cette belle journée.

VII

Que de choses à voir le lendemain ! Nous allons commencer par une visite toute nationale, que nous faisons à l'église Saint-Louis-des-Français. Là reposent les corps de beaucoup de nos compatriotes, tombés glorieusement pendant que l'armée française faisait le siége de Rome, en 1849, pour chasser de cette ville Garibaldi et la rendre au Saint-Père. Aussi, durant la sainte Messe que célèbre mon compagnon de voyage, sur l'autel même qui renferme les reliques d'un autre illustre compatriote, Joseph-Benoît Labre, et que je me fis un honneur de servir, nous donnons tout naturellement un souvenir particulier et plein d'émotion aux vaillants défenseurs de la plus noble des causes; c'était du reste justice et reconnaissance.

Nous nous approchons ensuite de chacune des tombes, et nous lisons avec le plus vif intérêt les inscriptions toutes simples qui les recouvrent. Sur un cénotaphe de marbre noir, on voit ces mots :

AUX SOLDATS FRANÇAIS MORTS SOUS LES MURS DE ROME
EN 1849,

LEURS FRÈRES D'ARMES DU CORPS EXPÉDITIONNAIRE DE LA
MÉDITERRANNÉE.

UNE MESSE QUOTIDIENNE POUR LE REPOS DE LEURS AMES A ÉTÉ
FONDÉE PAR LE SOUVERAIN PONTIFE PIE IX.

La tombe du brave et chevaleresque de Pimodan, mort à Castelfidardo, en 1860, pour la défense du Saint-Père, attire surtout notre attention; elle se trouve dans la chapelle de la Sainte-Vierge et est de marbre blanc. Nous ne la touchons qu'avec un religieux respect, et, au souvenir d'un si magnanime dévouement, nos yeux se mouillent de larmes, pendant que nos lèvres murmurent une prière pour le repos de l'âme du héros. Ah ! qui pourrait peindre les émotions que la mémoire de cette sanglante journée de Castelfidardo fait en ce moment naître dans nos cœurs !

Saint-Louis est une des belles églises de Rome; on y voit des marbres magnifiques; la nef est tout incrustée de jaspe de Sicile, veiné de rose et de blanc. De riches peintures décorent les chapelles, surtout celle de Sainte-Cécile.

En sortant de Saint-Louis, nous visitons l'église de la Minerve, qui tient au vaste couvent des Dominicains, où réside le P. Jeandel, général de l'Ordre; cet illustre compatriote est un disciple du P. Lacordaire.

Sainte-Marie-sur-Minerve a été construite sur l'emplacement d'un temple consacré à Minerve. Cette église est aussi une des belles et riches églises de Rome; c'est la seule dont l'architecture soit gothique à l'intérieur, et dont les fenêtres soient enrichies de vitraux de couleurs; les chapelles sont ornées de belles fresques et l'église est entièrement peinte.

Sous le maître-autel repose le corps de sainte Catherine de Sienne, une des gloires de l'ordre de Saint-Dominique. A gauche du maître-autel, on admire le Christ triomphant, de Michel-Ange; et, à gauche du chœur, on vénère les cendres du bienheureux Fra Angelico de Fiesole, de cet artiste inspiré dont les peintures, à expression céleste et divine, faisaient dire à Michel-Ange : « *Un homme n'a pu faire ces figures-là qu'après les avoir vues dans le ciel.* »

De cette église, nous passons au *Gesu*, qui appartient aux Jésuites, et nous pouvons admirer, dans leur magnifique couvent, les admirables chapelles de Saint-Ignace de Loyola et de Saint-François-Xavier, décorées de marbres brillants, d'agates, de cristaux de roche, et de pierreries de toutes sortes, auxquels se mêlent des bronzes dorés en profusion.

Le corps de saint Ignace repose dans une urne de bronze doré, enrichie de pierres précieuses; la statue du Saint, ornée de pierreries, est tout en argent et de grandeur naturelle.

Vis-à-vis la chapelle de Saint-Ignace, celle dédiée à saint François-Xavier possède le bras de l'Apôtre des Indes. L'église du Gesu est peut-être la seule, à Rome, où il y ait des chaises ; elle est une des plus fréquentées de la ville.

Voici plus bas le Collége romain, dirigé par les Frères Jésuites. La chambre, que l'aimable saint Louis de Gonzague habita, y est convertie en une riche chapelle ; on y vénère plusieurs lettres autographes du Saint à sa mère, et on peut célébrer la sainte Messe dans cette intéressante chapelle.

Le corps du Saint repose dans l'église de Saint-Ignace, attenante au Collége, et il fut déposé dans une belle urne de marbre précieux. Cette riche et somptueuse église fut donnée à la Compagnie de Jésus, par le cardinal Ludovisi, qui la fit construire dix ans après la mort de son saint fondateur. Comme nous étions alors dans l'octave de la fête de saint Louis, il nous a été donné de la voir dans ses plus belles parures ; là aussi nous avons eu le bonheur de recevoir une bénédiction toute particulière d'un des patriarches, venu de l'Orient pour répondre à la voix de l'auguste Chef du monde catholique.

Non loin du Collége romain, le noviciat des Jésuites est situé à *Saint-André-in-Monte-Cavallo,* près du Quirinal ; le corps de saint Stanislas Kostka repose dans cette charmante église, dans une belle urne de lapis-lazuli.

L'intérieur du couvent possède une élégante et riche chapelle, qui fut autrefois la chambre de saint Stanislas. Sa statue est placée à l'endroit même où il rendit le dernier soupir : le saint jeune homme, doucement étendu sur un lit de marbre jaune, la tête appuyée sur un oreiller, tenant dans ses mains le crucifix et un chapelet, paraît légèrement endormi.

En parcourant les longs et silencieux corridors du noviciat, nous nous disions : C'est ici que les Jésuites sont formés à l'obéissance, et qu'ils deviennent entre les mains de leurs supérieurs *comme des cadavres*, qui n'opposent aucune résistance et n'ont plus aucune volonté.

Pour ma part, je suis convaincu, et beaucoup pensent comme moi, que les Jésuites ne sont nullement reconnaissants envers ceux qui, dans un excès de fausse pitié, regrettent pour eux le sacrifice de leur liberté. Ces religieux regardent en effet leur obéissance comme le principe de leur joie et de leur gloire.

Pourquoi d'ailleurs le sort du soldat n'émeut-il pas ces cœurs tendres ? « Soldat, dit le général d'armée, tu iras te placer à la tête de ce pont, tu y resteras, tu mourras, et nous passerons. — Oui, mon général, répond le soldat. » — « Missionnaire, dit le supérieur du religieux, demain vous partirez pour la Chine ; la persécution vous y attend, peut-être le martyre. — Oui, mon père, répond le religieux. » Voilà le Jésuite. Pourquoi donc lui

refuser le mérite qu'on accorde au soldat? Son dévouement ne sert-il pas une cause honorable, plus honorable
même?

C'est dans l'église de Saint-André que les soldats de la
légion romaine viennent le dimanche, bien volontaire-
ment du reste et sans respect humain, remplir leurs devoirs de catholiques. Le lendemain de notre visite à
Saint-André, c'était un dimanche, nous avons assisté à
une messe, à laquelle s'étaient rendus soldats et officiers;
nous avons remarqué pendant tout le temps le plus grand
recueillement. Après l'Evangile, un aumônier leur adressa
en français une pathétique allocution, et les soldats firent
entendre des chants exécutés avec un délicieux ensemble et un caractère ravissant. Oh! que la prière et
les chants du soldat sont beaux! Et ce n'est pas sans une
profonde émotion qu'on voit ces valeureux guerriers, si
terribles dans les combats, venir s'agenouiller comme de
petits enfants et adresser au Dieu des armées une de ces
franches et généreuses prières, qui doivent avoir tant de
crédit sur le cœur de Dieu!

En sortant de l'église de Saint-André, nous avons à
visiter le palais d'été du Souverain-Pontife. Bâti au sommet du mont Quirinal, il a pris le nom de cette colline.
La place sur laquelle se trouve ce palais est ornée d'un
beau groupe, représentant deux chevaux conduits par
deux jeunes gens; ce groupe colossal valut au mont
Quirinal le nom de *Monte-Cavallo*.

Ce groupe entoure le magnifique obélisque, élevé par Sixte V. Plus tard, Pie VII fit placer au bas de l'obélisque un superbe bassin de granit oriental, pour recevoir les eaux d'une belle fontaine. De ce lieu élevé, on jouit d'une imposante perspective. Le palais du Quirinal est simple et modeste ; les salles sont grandes, ornées de peintures et de tableaux. C'est dans ce palais qu'habitait Pie IX, lorsque la révolution le força de quitter Rome, le 24 novembre 1848. On y visite avec intérêt la chambre où l'auguste Pontife passa les dernières heures, et revêtit une soutane noire pour se dérober plus aisément aux poursuites des ennemis de l'ordre et de la religion.

En sortant du Quirinal, nous gagnons le Corso, en passant devant la célèbre fontaine de Trévi ; l'eau en sort en abondance d'un amas de rochers, et se répand dans un vaste bassin de marbre. Au milieu, apparaît la statue de l'Océan, debout sur un char, entraîné par des chevaux-marins que deux Tritons conduisent.

Rome est la ville aux nombreuses et abondantes fontaines, qui lui fournissent toujours une eau pure, limpide et fraîche. Les anciens Romains avaient construits de nombreux et gigantesques aqueducs, pour amener dans leur ville l'eau pure des montagnes ; les papes n'ont point rompu ces traditions ; ils ont, au contraire, réparé les travaux des anciens, quand la chose était possible, et ces aqueducs conservés ne sont pas une des moindres curiosités de Rome. L'eau qui en provient arrive toujours abondante ; tantôt elle jaillit en cascade dans d'immenses bassins ; tantôt elle coule doucement des flancs d'un rocher, au milieu de nombreuses statues et de monstres marins : image bien frappante de la grâce qui coule sans cesse, et nous vient plus abondante dans cette ville des Saints.

Nous passons ensuite, mais sans les visiter faute de temps, devant plusieurs magnifiques palais. A Rome, il faudrait des journées pour bien jouir de chaque monument, et des années pour apprécier les beautés de cette incomparable ville. Le palais Borghèse est un des plus riches et des plus beaux ; sa cour d'entrée est ornée de belles statues, de colonnes, de fontaines, et présente un aspect princier. Son musée est, dit-on, fort riche. Les palais Barberini et Farnèse possèdent de belles bibliothèques et des fresques monumentales : celles de ce dernier sont l'œuvre de Michel-Ange.

Le palais Farnèse est aujourd'hui la demeure de François II, roi de Naples ; cet infortuné monarque, trahi par la fortune, par ses amis et par sa famille, a reçu du Saint-Père une généreuse et toute royale hospitalité, bien due à son rang et à ses malheurs.

Les palais Farnesina et Corsino offrent aux amateurs une riche collection de tableaux ; plusieurs de ces riches palais, bâtis par les familles des papes, possèdent de remarquables peintures, et sont de curieux musées ; mais les possesseurs ne jouissent pas seuls de leurs richesses, et ils sont heureux d'admettre les visiteurs à partager leur admiration.

Il en est de même des nombreuses villas, appartenant aux princes Romains, qui sont des lieux de promenades ouverts à tout le monde.

Rien, du reste, n'est plus agréable que ces immenses parcs et jardins, avec leurs nombreuses allées, leurs bois verdoyants, leurs ruisseaux, leurs lacs, et au milieu de toutes ces richesses de la nature, des statues, des portiques et des ruines d'une beauté remarquable.

Toutes ces richesses, toutes ces splendeurs, sont sans doute admirables ; mais j'admire plus encore la noble et princière générosité des habitants de ces illustres demeures, qui les ouvrent à tous, et ne gardent point, comme on le fait souvent ailleurs, avec un soin jaloux et égoïste, les trésors de leurs musées et les beautés de leurs agréables et joyeuses villas.

Du reste, la noblesse romaine se distingue surtout par ses bienfaits : beaucoup d'églises et de nombreuses chapelles ont éprouvé les effets de sa générosité et de son amour de l'art.

Si les pauvres de Rome trouvent de si bons et si généreux secours, des asiles pour leur vieillesse, des secours pour leur maladie, des écoles pour leurs enfants, c'est à la noblesse romaine, restée fidèle et chrétienne, qu'ils le doivent. Elle est toujours prête à répondre à la voix du Pontife, et plusieurs de ses membres se sont chargés seuls des frais de fondations charitables et importantes. Réjouissons-nous de voir les princes de Rome refléter si heureusement les nobles, les généreuses et les paternelles qualités du grand Pontife, qui est leur Roi et le Père de tous les fidèles ; et admirons ensemble combien cette conduite répond aux lâches et noires calomnies lancées par une presse impie et menteuse sur la cour de Rome.

VIII

Nous voulons aujourd'hui vénérer les nombreux sanctuaires consacrés à l'apôtre saint Pierre.

C'est d'abord l'église Pudentienne, bâtie sur la maison du sénateur Pudens, qui eut le bonheur d'abriter sous son toit le premier des papes : heureuse famille, à qui était réservée la gloire de donner naissance à l'Eglise de Jésus-Christ ! Saint Pierre vint à Rome, vers l'an 42 de l'ère chrétienne. Un Père de l'Eglise nous le représente, arrivant avec le bâton de pèlerin, fatigué d'une longue route, pauvrement vêtu, et s'entretenant avec un Païen qu'il rencontre à la porte de Rome. La tradition nous apprend qu'il fut reçu et logé dans la maison du sénateur Pudens. L'église Sainte-Pudentienne est construite sur l'emplacement même de la maison du Sénateur; dans la nef latérale, étroite et pavée en mosaïque d'une très-petite dimension, nous foulons le même sol que l'Apôtre.

Sous le maître-autel, composé d'une simple planche de chêne, enchâssée dans le marbre, et qui a servi à saint Pierre, repose le corps de la glorieuse vierge Pudentienne; à côté, on voit le puits où Pudentienne et sa sœur Praxède déposaient les corps des martyrs.

L'église Sainte-Praxède est assez proche. La sainte est représentée par une belle statue de marbre, agenouillée sur l'orifice d'un puits. Ses mains pressent une éponge, pleine du sang des martyrs.

Le pape saint Pascal fit bâtir cette église et y fit transporter les ossements de deux mille trois cents martyrs. Le maître-autel est surmonté d'un baldaquin soutenu par quatre grandes colonnes de porphyre données par saint Charles Borromée, cardinal du titre de Sainte-Praxède. On monte au sanctuaire par un magnifique escalier, dont les marches sont en marbre rouge antique, très-rare.

Dans la chapelle des Borromée, on vénère le fauteuil de bois du saint cardinal, et la table sur laquelle il servait les pauvres. Dans la chapelle en face, on admire avec grande vénération la colonne à laquelle fut attaché Jésus-Christ quand on le flagella; cette colonne était très-vénérée à Jérusalem, et les fidèles s'en approchaient avec des tissus en bandelettes dont ils l'entouraient, et les en retiraient comme remplis de bénédictions pour le soulagement et la guérison de diverses infirmités.

La sainte colonne fut transportée à Rome en 1213, sous le pape Honorius III, et placée dans l'église de Sainte-Praxède; elle est en marbre gris, haute seulement de trois pieds, ce qui fait supposer à certains auteurs qu'elle n'est pas entière. D'autres soutiennent que la hauteur actuelle est bien celle entière de la colonne, à laquelle, pour rendre son supplice plus ignominieux, plus douloureux, on attacha Notre-Seigneur, par les mains, de manière à faire éprouver à tout son corps les horreurs de la flagellation...

Sur le sommet du mont Esquilin, nous allons vénérer les chaînes qui attachèrent les saints apôtres Pierre et Paul, et à Jérusalem, et dans la prison Mamertine. Une partie des premières fut envoyée de Jérusalem au pape saint Léon par l'impératrice Eudoxie, et quand le pape les approcha de celles de la prison Mamertine, il devint impossible de les séparer; on y ajouta depuis quatre anneaux de la chaîne de saint Paul.

Pour recevoir ce précieux dépôt, l'impératrice fit bâtir ce célèbre sanctuaire de Saint-Pierre-ès-Liens, dit Saint-Pierre *in Vincoli*. Les artistes viennent admirer dans cette basilique le chef-d'œuvre de Michel-Ange, le Moïse destiné à orner le mausolée du pape Jules II; la pose naturelle et pleine de dignité du législateur des Juifs est très-remarquable; son visage respire ce mélange d'indignation et d'autorité qui durent animer ses traits, quand, descendant du mont Sinaï, il vit le peuple juif danser autour du veau d'or.

Après avoir eu le bonheur de baiser les chaînes des saints Apôtres, qu'on nous fit l'honneur de nous passer autour du cou, nous nous sommes dirigés, tout remplis des souvenirs qu'excitaient en nous la pensée du martyre des Saints fondateurs de la nouvelle Rome, sur le mont Janicule, appelé maintenant *Montorio* ou mont d'Or.

Le Janicule domine la ville; Néron avait choisi ce lieu pour le crucifiement de saint Pierre, afin sans doute de jouir de ce spectacle sans quitter son palais; peut-être aussi voulait-il que toute la ville de Rome fût témoin du supplice qu'il avait réservé au chef de la nouvelle religion.

Dans le cloître du couvent habité par des Franciscains, on admire un petit temple de forme ronde soutenu par seize colonnes de granit; il marque le lieu où saint Pierre subit son martyre. Au centre, dans le pavé de marbre précieux, une ouverture ronde désigne l'endroit même où fut fixée la Croix.

Nous nous sommes proternés, et nous avons prié sur ce sol, arrosé du sang de l'Apôtre, et, à l'exemple d'un grand nombre de pèlerins, nous avons recueilli avec empressement, à cet endroit-là même, un peu de poussière que nous gardons précieusement.

En sortant de cette église, qui possède deux admirables fresques de Raphaël et de Michel-Ange, nous nous sommes arrêtés sur la place pour jouir du ravissant et magnifique panorama d'une partie de la ville de Rome et d'un horizon lointain, borné par les montagnes et la mer.

Nous terminerons la journée par la visite de la si justement renommée basilique de Saint-Paul-hors-des-Murs.

Nous passons, chemin faisant, devant la colonne Antonine, élevée sur la place Colonna, haute de cent quarante-huit pieds ; elle est en beau marbre blanc et décorée de beaux bas-reliefs.

La statue de saint Paul se dresse triomphalement à son sommet, qui, autrefois, portait celle de Marc-Aurèle. Dans le voisinage, on peut voir, à l'endroit où s'élève maintenant l'église de *Santa-Maria-in-via-Lata*, la chambre que l'apôtre saint Paul habita pendant son emprisonnement à Rome.

La colonne Antonine fait un digne pendant à celle élevée à saint Pierre sur les débris du Forum de Trajan ; cette colonne a cent trente-deux pieds de hauteur ; elle est en beau marbre de Carrare, et richement sculptée ; la statue de saint Pierre la domine, et, comme celle de saint Paul, affirme d'une éloquente manière le triomphe des deux Apôtres sur Rome et le monde entier. Mais revenons à la visite de la basilique de Saint-Paul.

Cette magnifique église, détruite jadis par les Vandales, pillée par les Sarrasins, renversée par un tremblement de terre et incendiée trois fois, s'est toujours relevée de ses ruines, plus riche et plus belle. C'est le 15 juillet 1823 qu'eut lieu le dernier incendie ; on cacha ce triste événement à Pie VII mourant. Léon XII, qui lui succéda, fit un appel qui fut entendu de toute la chrétienté, et la nouvelle basilique, qui vient de sortir de ses ruines plus splendide et plus majestueuse, a été consacrée par Pie IX, le 9 décembre 1854, en présence de tous les évêques qui étaient venus à Rome pour la proclamation du dogme de l'Immaculée Conception.

Cet admirable monument a cinq nefs, soutenues par quatre-vingts colonnes de granit du Simplon ; le pavé de marbre est resplendissant comme un miroir ; les frises sont ornées par une admirable galerie des portraits de tous les papes qui ont gouverné l'Eglise ; ce sont des mosaïques d'un admirable effet.

La confession, où repose le corps de saint Paul, est toute en porphyre, en albâtre et en malachite ; sur une urne de marbre on lit cette noble et simple inscription : *Paulus Apostolus et Martyr : Paul, Apôtre et Martyr.* Quel sublime résumé d'une vie toute d'immolation !

Nous allons terminer la journée par la visite de l'abbaye maintenant inhabitée et de l'église de Saint-Paul-aux-trois-Fontaines. Là, nous boirons de l'eau qui jaillit des trois points du sol où la tête du saint Apôtre fit trois bonds en tombant ; ces trois fontaines coulent encore et sont renfermées dans l'église. On remarque, en buvant de ces trois sources, qu'elles n'ont pas le même degré de température.

Nous baisons aussi, avec respect, la colonne où l'Apôtre fut décapité. En rentrant, nous trouvons sur le même chemin deux autres églises, à côté de celle de Saint-Paul-aux-Trois-Fontaines : l'une dédiée à *Santa-Maria-Scala-*

Cœli, et l'autre aux saints martyrs Vincent et Anastase. Notre grand saint Bernard est venu prier dans ces lieux, et une vision qu'il eut d'une longue échelle allant de la terre au ciel, et par où montaient les âmes des trépassés pour lesquels il avait offert le saint sacrifice, valut au premier de ces sanctuaires le nom de *Scala-Cœli* ou *Echelle du ciel.* Un double escalier conduit dans des catacombes où reposent les corps de saint Zénon et de dix mille soldats martyrs. Comment rendre les émotions dont l'âme est saisie dans ces lieux si déserts à la surface, et si saintement peuplés sous le sol[1].

---

[1] Nous apprenons avec bonheur que le Saint-Père vient de confier l'ancienne abbaye de Saint-Paul-aux-Trois-Fontaines et les terrains qui en dépendent aux religieux Trappistes ; c'est dans l'audience du 4 février dernier que Sa Sainteté a fait connaître sa détermination à S. Em. Mgr le cardinal Milesi, abbé commendataire perpétuel et ordinaire de cette abbaye ; et c'est le 18 du même mois que le R. P. abbé François Régis, procureur général de l'Ordre près le Saint-Siége, a pris possession du monastère, des trois églises qui y sont annexées et des terrains incultes qui les environnent, terrains d'une contenance d'environ dix hectares, situés sur la voie *Ostiensis.*

Des Trappistes arrivés peu de temps après de France à Rome se sont installés aux Trois-Fontaines, et bravant le climat, entreprennent, avec la bénédiction de Pie IX, l'assainissement de cette partie de la campagne romaine. Le site est triste, désolé, mais empreint d'une indicible majesté : les églises elles-mêmes sont dans l'abandon. Un Français d'une foi vive et d'un grand cœur, M. de Maumigny, visitant ces lieux déserts au mois de juin dernier, se sentit profondément remué à la vue de ces édifices vénérables élevés par la piété des fidèles, et qui menacent ruine. Il donna une somme de dix mille francs, demandant qu'elle fût employée à la restauration de l'église bâtie au dix-septième siècle par le cardinal Aldobrandini, alors abbé commendataire, sur le lieu même où saint Paul eut la tête tranchée.

Cette tête sacrée que Dieu avait remplie de ses lumières, fit, comme nous l'avons raconté, trois bonds sur le sol, et à chaque bond, la voix du Docteur des nations prononça en hébreu le nom de *Jésus*; au même moment, une source jaillissait de terre. Les trois sources très-distinctes : la première plus abondante que la seconde, celle-ci plus abondante que la troisième, n'ont jamais tari, et la saveur de leur eau est différente, c'est-à-dire que l'eau de la première, rappelant le lait qui, d'après la tradition, coula au premier bond, est plus douce que les deux autres. La même tradition rapporte que le bourreau de saint Paul et ses aides, les soldats et les témoins de ces prodiges, se convertirent au christianisme.

Aujourd'hui, grâce à l'ancienne munificence du cardinal Aldobrandini, les trois sources sont encore surmontées de trois autels ornés de colonnes de vert antique. Tout près de la première, on voit le fût de marbre sur lequel l'Apôtre posa sa tête. Il y a deux chapelles : l'une, soutenue par des colonnes de porphyre rouge avec un tableau du crucifiement de saint Pierre ; l'autre, ornée de colonnes de porphyre noir, uniques par la dimension, avec un tableau représentant la décollation de saint Paul.

Cette église et les deux autres dont nous avons parlé sont presque attenantes à une cour où l'herbe sauvage et les ronces croissent en liberté. On entre dans cette cour par un portique sévère, débris d'une construction antique à la base, couronnée d'une tour moyen âge.

Le Saint-Père, qui fait royalement les choses, ne s'est pas contenté d'envoyer à ces trois églises les vases sacrés nécessaires, il a encore donné au R. P. Régis une admirable mosaïque récemment découverte dans les fouilles d'Ostie. Cette œuvre, que M. le grand commandeur Visconti a estimée une des plus belles que l'on possède à Rome, et dont on a déjà offert des sommes considérables, ira servir de pavé à l'église Saint-Paul-aux-trois-Fontaines.

Le lecteur s'imaginera aisément la joie des bons religieux de la Trappe, en recevant ce nouveau témoignage de la munificence de Pie IX ; ne dirait-on pas que le ciel veut leur accorder une récompense du bien qu'ils font en ce moment en Algérie, où leur monastère de Staouëli distribue chaque jour la nourriture aux pauvres Arabes tourmentés par la famine.

IX

Le lendemain nous promet encore de bien douces
jouissances : nous commençons par la visite de la basilique de Saint-Jean-de-Latran, bâtie par Constantin sur
l'ancienne demeure des papes. Aussi cette église est-elle
la cathédrale du Pape, qui, aussitôt son élection, s'y rend
pour prendre possession de son siége épiscopal. En ce
jour où se célèbre à Rome la fête de saint Jean-Baptiste,
le patron de Latran, nous aurons le bonheur d'y voir le
Saint-Père, qui doit assister à la messe.

Avant que la foule l'ait envahie, entrons dans l'église
pour la voir plus-à l'aise. Sa façade noble et gracieuse
est l'une des plus belles de Rome; ses cinq nefs sont
élevées et majestueuses; son beau pavé de marbre et
son plafond richement décoré la rendent digne de sa
renommée.

Les peintures et les décorations de la nef principale
sont admirables; au sommet, de chaque côté, sont peints
les Prophètes ; au-dessous, de magnifiques bas-reliefs
représentent d'un côté l'église figurée dans Adam et Eve,

le sacrifice d'Abraham, Jonas et autres sujets de l'ancienne loi; de l'autre côté l'accomplissement de ses sujets, réalisés dans la personne de Notre-Seigneur, son baptême, sa mort, sa résurrection, etc. Puis, sous ces bas-reliefs et comme pour soutenir l'édifice, les statues colossales des douze Apôtres en beau marbre blanc. Le maître-autel, composé d'une simple planche de sapin, est peut-être le seul au monde sous lequel il n'y ait point de reliques. Il est lui-même une relique précieuse : il servit à saint Pierre, pour célébrer les saints mystères, et le Pape seul a le privilége d'y dire la messe. Au-dessus de l'autel, un reliquaire somptueusement orné de riches pierreries renferme les têtes des saints apôtres Pierre et Paul. Nous avons pu ce jour vénérer ces précieuses reliques, exposées en l'honneur de la fête. Ce qui attire surtout l'attention du pèlerin, c'est la table de bois sur laquelle Jésus-Christ a institué le sacrement de l'Eucharistie : elle est renfermée dans une large armoire devant laquelle des lampes brûlent nuit et jour.

Saint-Jean-de-Latran est riche en reliques. Son trésor possède une partie du vêtement de pourpre qu'on jeta sur les épaules du Sauveur dans le prétoire, une partie de la sainte Éponge, une partie de la tunique et des chaînes de saint Jean l'Evangéliste, une épaule de saint Laurent, du sang de saint Charles Borromée et de saint Philippe de Néri. On y conserve aussi le baptistère où, suivant la tradition, le pape saint Sylvestre baptisa Constantin. Bref, cette basilique renferme des beautés, des richesses vraiment indescriptibles ; et nous n'avons pu voir qu'imparfaitement, pressés que nous étions par une foule qui faisait effort pour se placer sur le passage du Saint-Père, que l'on attendait.

Nous avons tout naturellement choisi la meilleure place qu'il nous a été possible, et, après quelques instants d'attente, le canon et toutes les cloches de la basilique nous annonçaient l'arrivée du Pontife-Roi.

Le Saint-Père est, à son entrée dans l'église, porté sur la *Sedia gestatoria ;* il est entouré de tous ses cardinaux, vêtus de riches ornements. Le cortége, après avoir traversé lentement la grande nef, accompagne le Pontife jusque vers le trône qui lui est destiné derrière l'autel. Le Pape est revêtu d'ornements blancs et porte une mître. Autour de son trône se rangent les évêques assistants et les cardinaux, sur des bancs recouverts de riches tapis. Les tribunes sont occupées par le corps diplomatique, avec les ambassadeurs de toutes les cours accréditées près du Saint-Siége. Puis de chaque côté de l'autel se placent, sur de nombreux gradins, tous les évêques présents à Rome, et une partie du clergé supérieur admis à leur côté.

La foule est contenue autour de ces gradins par les hallebardiers du Pape avec leur costume pittoresque, dessiné, dit-on, par Raphaël et Michel-Ange ; il se compose d'un haut-de-chausse noir, rouge et jaune, d'une cuirasse rouge du moyen âge avec brassards articulés, d'une fraise autour du cou, d'un casque rond en acier surmonté d'un panache rouge, d'un large baudrier jaune et d'une longue hallebarde à l'antique. Dans l'intérieur du chœur sont les gardes-nobles, en habit rouge, bottes à l'écuyère et casque à crinière : c'est la garde d'honneur du Pape ; elle est formée par la noblesse romaine.

La *Sedia gestatoria*, déposée à côté du trône, mérite bien une description aussi.

C'est un riche dais, brillant d'or et de soie, rehaussé de chaque côté de deux larges éventails en plumes de paon d'une grande beauté ; les officiers qui portent ce *talamo* sont en grand costume rouge. Bientôt la messe commence ; elle est célébrée par le cardinal Altieri[1], archiprêtre de la basilique, et chantée par la maîtrise de la chapelle Sixtine.

Saint-Jean-de-Latran, une des plus grandes églises de Rome, est insuffisante, malgré ses cinq nefs, à contenir la multitude des fidèles. Comment ne s'empresserait-on pas, en effet, d'assister à une cérémonie présidée par le Vicaire de Jésus-Christ, entouré de cinquante cardinaux, d'environ quatre-vingts patriarches, primats et archevêques, et de près de deux cent cinquante évêques !

---

[1] Le cardinal Altieri, évêque d'Albano, mort un mois après, victime de son dévouement héroïque, pendant que le choléra sévissait dans sa ville épiscopale.

La cérémonie achevée, nous voulons voir de près la figure du Saint-Père, qui doit sortir de l'église à pied depuis le chœur, pour bénir de plus près ses nombreux et chers enfants qui se pressent sur son passage. Bientôt en effet, placés dans la grande nef par la complaisance des zouaves, qui nous traitent en compatriotes et nous cèdent même le pas, nous voyons le Saint-Pontife descendre de son trône et venir s'agenouiller devant le reliquaire qui contient les chefs des saints apôtres Pierre et Paul. Il vénère ces insignes reliques avec une grande piété ; puis, marchant lentement, comme pour n'oublier personne, il descend la grande nef en répandant sur son passage des bénédictions, qu'on ne peut apprécier à leur valeur que quand on a eu le bonheur de les recevoir d'aussi près. Aussi, Messieurs, je dois vous le dire, en prenant ma part de cette si grande faveur, j'étais tellement ému que de douces larmes vinrent de nouveau mouiller mes paupières, et m'enlevèrent la satisfaction de bien examiner la majestueuse figure du Saint-Pontife.

Je tenais pourtant à la voir de près, encore une fois, cette inimitable physionomie ; bientôt les circonstances me procurèrent le bonheur de l'envisager tout à mon aise, dans toute l'expansion d'une grande joie que lui causait l'ovation que je vais essayer de vous décrire.

Pendant que le Saint-Père quittait ses ornements pontificaux, je sortis de l'église en toute hâte, et cette fois encore, aidé par les zouaves qui devinaient ma légitime curiosité et cherchaient si gracieusement à me mettre à même de la satisfaire, je me glissai devant eux, dans l'endroit même où devait passer le cortége pour regagner le Vatican; et là, au milieu des vivats les plus chaleureux, d'un enthousiasme indescriptible, je vis Pie IX qui, ne pouvant contenir son émotion, mêlait ses larmes à celles de milliers de spectateurs, presque porté dans sa voiture par une foule agglomérée, dont les bras se tendaient vers l'auguste Pontife. Je le vis, la figure rayonnante de bonheur, bénissant encore la foule qui s'agenouillait sur son passage, au risque d'être écrasée par les nombreux et brillants équipages qui précédaient sa voiture de gala, traînée par six beaux chevaux, allant au petit pas, pour laisser chacun jouir à son aise de la présence de ce bon Père.

Bientôt vint mon tour, et, placé tout près de la voiture où était assis le Saint-Père, je poussai avec mon compagnon un vivat tellement expressif, que Pie IX, nous regardant avec ce sourire angélique qui caractérise son aimable visage, nous remarqua et sembla nous donner une bénédiction toute particulière. J'étais content cette fois, et, tout ému, je me relevai pour suivre des yeux la voiture qui entraînait notre bon Père, au milieu des acclamations les plus vives, formulées en toutes sortes dè langues. Les nombreux pèlerins se pressaient, en courant et en l'acclamant dans un parcours de presque une lieue.

Pour ma part, je me contentai de regarder le défilé

des carosses dorés des cardinaux, des prélats, des ambassadeurs et de tous les grands personnages qui étaient venus assister à la fête et suivaient le Saint-Père jusqu'au Vatican.

C'était notre dernier jour à Rome, et nous avons voulu terminer nos pieuses excursions par la visite de la basilique Saint-Sébastien et de ses catacombes.

Cette basilique, bâtie par Constantin sur la tombe du glorieux martyr, n'offre rien de bien remarquable comme curiosité artistique et archéologique. Seulement, on y vénère le souterrain dans lequel reposèrent les corps des saints apôtres Pierre et Paul. La tradition rapporte que leur dépouille mortelle fut enlevée furtivement de Rome par des chrétiens d'Orient qui, se prévalant des droits qu'ils croyaient avoir sur les corps de ces apôtres, parce que ceux-ci étaient, comme eux, enfants de l'Orient, pensèrent pouvoir sans injustice commettre ce pieux larcin. Mais un violent orage les arrêta dans leur fuite, et, comme ils craignirent d'être découverts, ils cachèrent leur précieux dépôt dans ce souterrain, où il resta peu de temps ; une inscription du pape saint Damase, gravée sur une pierre de ce lieu, fait allusion à ce fait.

De l'intérieur de l'église, nous entrons dans les catacombes, où furent ensevelis quarante-six papes et cent soixante-quatorze mille martyrs. Nous parcourons ces saints lieux, une torche à la main et conduits par un bon frère Franciscain, de peur de nous égarer dans les nombreuses galeries qui fuient çà et là en zig-zag. C'est là que, sous les persécutions, se réunissaient nos pères dans la foi, pour prier et célébrer les saints mystères. Ces catacombes étaient à la fois le palais des papes persécutés, l'église des fidèles et le cimetière des martyrs. A l'entrée, on montre la chambre où les premiers papes se reposaient et se préparaient à la lutte par la prière. Ce sol a été foulé par les saints; les infidèles, les catéchumènes eux-mêmes n'étaient point admis dans ces retraites solitaires.

A droite et à gauche sont des tombes superposées, vides maintenant pour la plupart. L'Eglise a ravi à ces sépulcres leurs dépouilles pour les placer sur de riches autels, dans de somptueux sanctuaires. On se prend cependant à regretter qu'on ait presque entièrement dépouillé ces tombes, et on sent l'émotion que l'on éprouverait plus grande si on trouvait encore là quelques-uns des illustres hôtes de ces immenses souterrains.

En quittant les catacombes, nous voyons en passant le cirque de Romulus, dont les ruines sont à quelques pas de Saint-Sébastien. Sans doute plusieurs des glorieux morts, dont nous venons de vénérer les tombes, ont expiré dans cette arène; car on sait que bien des chrétiens subirent le martyre dans ces lieux. En remontant la voie Appienne, nous rencontrons le tombeau de Cécilia-Métella, un des monuments les mieux conservés de l'ancienne Rome; c'est une tour ronde bâtie avec d'énormes blocs et dont le diamètre est de plus de quatre-vingts pieds. L'intérieur est juste assez large pour recevoir l'urne cinéraire en beau marbre; c'était l'usage d'ensevelir les morts aux approches des villes et sur les routes; aussi la voie Appienne est-elle riche en ruines de toutes sortes. Son vieux pavé de deux mille ans retentit autrefois sous les pas des légions romaines, et il porte encore l'empreinte des pieds des Apôtres.

Nous allons en passant vénérer à l'église du *Domine-quò-vadis*, l'endroit où Notre-Seigneur apparut à Pierre fuyant la persécution, et où il l'exhorta puissamment à retourner à Rome pour y endurer le martyre. Le Sauveur laissa l'empreinte de ses pieds sur une dalle de la voie, que l'on conserve dans la basilique de Saint-Sébastien.

L'heure est enfin venue de quitter Rome, Rome qui nous a valu de si nombreuses, de si douces émotions! Nous voici aux derniers instants que nous devons passer dans la ville sainte, et nous ne pouvons nous le persuader qu'en nous promettant d'y revenir un jour.

Il en coûte de se séparer de ceux qu'on aime et des lieux qu'on a parcourus si agréablement, et c'est Rome que nous allons quitter! Rome avec ses grandeurs, ses ruines, ses souvenirs et ses fêtes! Rome avec le Pape! Rome en qui se personnifie tout le catholicisme! Rome, qui a vu Pierre et Paul, et qui a bu le sang de millions de martyrs!... Disons, avec M. l'abbé Rolland, que jamais cité ne fut attaquée si violemment, si persévéramment et avec plus d'astuce, et cependant Rome est toujours là, pleine de gloire et de vie! Quel miracle plus frappant! Comme les paroles de Jésus-Christ se sont vérifiées!

Adieu donc aussi, ô glorieux Pontife, noble Roi, bon Père! Si les tribulations doivent vous accabler encore, la promesse divine ne vous faillira pas; vos enfants ont la confiance que vous les surmonterez. Du reste, comment ne pas aimer cette église que vous représentez si dignement dans les différentes phases de sa vie, tantôt empourprée du sang de ses martyrs, tantôt resplendissante de la sainteté et de l'éclat de ses docteurs et de la pureté de ses vierges! Comment ne pas bénir la main qui la fait triompher dans les jours d'épreuves, et qui la dirige dans les jours de prospérité! Il est des gens cependant qui voudraient découronner Rome, et qui regrettent le temps où elle était le centre et le cœur du paganisme. Ils voudraient rendre à Satan cette ville que Pierre a conquise pour la donner à Jésus-Christ!

Aujourd'hui encore l'esprit du mal souffle sur le monde, et il a une armée entière qu'il lance contre l'Eglise; le romancier vient au secours du philosophe, et la diplomatie elle-même, qui ne s'appuie pas toujours sur les principes éternels de justice et de morale, se mêle dans cette ligue contre la plus sainte des institutions.

Mais l'Eglise est fondée sur une pierre inébranlable, et celui qui s'y heurte, s'y brise. Pour arriver à ses fins, la Révolution veut s'emparer de Rome; espérons qu'elle n'en viendra pas à bout, et disons avec M. Ingres, à qui on parlait de la possibilité d'une invasion à Rome par les troupes piémontaises : « Mais vraiment, ce serait une nouvelle invasion de barbares; ces gens-là seraient capables de faire un manège du Colysée, et d'établir une usine sur le mont Aventin. »

Nous n'avions plus dans le monde que ce seul coin qui ne fût pas envahi par la banalité moderne, qui fût réservé aux grands souvenirs de la poésie et de l'art, et ils veulent nous le ravir!

En effet, que veulent faire à Rome les bourgeois modernes? De grandes et larges rues, d'immenses usines que parcoureront beaucoup d'agents de police, pour prouver au peuple qu'il est libre et indépendant! Dans les lieux où le chrétien se prosterne pour baiser la place où expire le martyr, ils voudraient voir des squares, des places publiques et des rues! Ces souvenirs si chers à la piété chrétienne ne disent-ils donc rien à leur intelligence?

Dieu ne permettra pas une semblable profanation, et nous devons espérer que l'impiété verra encore ses efforts échouer; et si Rome n'a point de sauveur, les promesses d'immortalité faites à Pierre sont là; dix-neuf siècles consacrent cette cité comme la Reine et la Maîtresse du monde et la ville de Pierre.

L'Eglise et le Pape ne succomberont pas dans cette

lutte archarnée. Le soleil est parfois couvert de nuages, la mer est souvent agitée ; mais, après la tempête, l'Océan est plus calme, et jamais le soleil ne se montre plus souriant et plus joyeux qu'après l'orage. O sainte Eglise romaine, qui peut te connaître sans t'aimer ! Qui peut te voir et te quitter, sans éprouver une profonde douleur ! Si Dieu m'accorde cette faveur, je me prosternerai encore dans tes sanctuaires ; je baiserai encore les vestiges des pas de tes innombrables martyrs ; je prierai encore où ils ont prié ; j'aimerai encore là où ils ont aimé ; plaise à Dieu que j'aime et me dévoue autant qu'eux !...

Ton souvenir, ô Rome, me suit partout ; il me réjouit, il me console, il me fortifie. Il se mêle à mes prières, et il les rend plus ferventes. Quand la liturgie sacrée me ramène la fête d'un de tes martyrs, de tes pontifes ou de tes vierges, je me reporte par la pensée dans le sanctuaire que tu as élevé en leur honneur ; je me prosterne près de leurs tombeaux, et il me semble que j'ai acquis plus de droit à leur protection, depuis que j'ai visité leurs demeures, que j'ai vénéré ce qui fut à leur usage ; et ainsi se rajeunissent et se renouvellent sans cesse pour moi les vivifiantes et douces émotions de la Ville Eternelle.

Adieu donc, ô Rome !

Avant de partir toutefois, je dois accomplir un devoir de reconnaissance et d'amitié ; je vais aller donner le baiser d'adieu à notre cher confrère le capitaine Coste ;

je lui dois de bons remerciements pour son si bienveil-
lant accueil.

Le capitaine me charge à son tour d'un souvenir bien
amical pour vous, Messieurs, qu'il a connus et estimés ;
il me donne pour tous, et chacun en particulier, une aimante accolade, que je vous apporte de tout cœur. Je
vous le donne à tous, Messieurs et chers confrères, ce
fraternel baiser, en Notre-Seigneur Jésus-Christ et en
saint Vincent de Paul [1].

Quelques minutes encore, et la locomotive nous em-
portera rapidement vers la France. Nous passons, comme
à vol d'oiseau, devant les villes de Foligno, Florence,
Bologne et Parme ; nous arrivons à Turin et à Suze ; de
là, nous montons en voiture pour traverser le mont
Cenis, que nous passons en tremblant, et de peur, et de
froid : de peur, à cause de ses affreux précipices, sur les
bords desquels nous sommes suspendus, dans une voiture, que traînent péniblement dix mulets et deux chevaux, et qui, en descendant, est abandonnée aux caprices
de deux chevaux, sous la garde d'un conducteur qui

---

[1] C'est un devoir pour mon compagnon de voyage et moi de
remercier un jeune et pieux ecclésiastique du diocèse de Viviers
M. Saléon, qui nous conduisait avec une bienveillance que nous
étions loin de mériter ; il avait séjourné quelque temps à Rome,
en 1862, lors de la canonisation des martyrs Japonais. Ce fut pendant notre traversée que nous eûmes le bonheur de faire sa connaissance. Ses lumières nous furent d'un très-grand secours
dans la Ville Eternelle, et nous mirent à même de visiter, en
quelques jours seulement, les monuments de Rome.

ronflait à nos côtés (nous étions sur l'impériale) ; de froid, le froid se faisait d'autant mieux sentir, que nous avions eu, pendant le jour, une chaleur insupportable. Du reste, nous ne devions pas nous étonner d'éprouver le froid, car les cîmes du mont Cenis, que nous traversions, étaient couvertes de quelques pouces de neige, et, arrivés au plus haut de notre route, nous aurions pu facilement en ramasser sur le bord du chemin.

Sortis de Suze à deux heures du matin, nous ne sommes arrivés à Saint-Michel qu'à midi ; nous avions donc mis presque dix heures à traverser cette montagne qui sépare l'Italie de la Savoie. Nous avons pu, au pied du mont Cenis, jeter un coup d'œil sur les travaux qui se font pour la percée, et sur l'ouverture du tunnel en voie d'exécution ; le matériel est considérable, comme l'entreprise qu'il doit conduire à bonne fin.

De Saint-Michel, première ville de France, nous gagnons rapidement Lyon, en traversant Chambéry, Aix-les-Bains et Culos. Nous longeons les bords d'un lac d'une certaine étendue ; cette nappe d'eau réveille en nous le touchant mais douloureux souvenir de la mer, que nous étions si heureux de franchir quelque temps auparavant pour nous rendre à la Ville Sainte, et qui cependant nous avait fait payer bien cher notre traversée ; tant il est vrai que les plus douces, les plus légitimes satisfactions que l'on goûte en ce monde, sont toujours accompagnées de quelqu'amertume ? Dieu l'a ainsi voulu, dans la crainte que nous ne nous attachions à cette terre, qui n'est pour tous qu'une vallée de larmes, et pour nous forcer en quelque sorte à porter des regards, pleins d'une sainte espérance, vers cette bonne patrie, où nous n'aurons plus rien à craindre ni à désirer.

J'aurais voulu, Messieurs, vous épargner les longueurs de ce récit; car j'ai passablement, je le sens, abusé de votre attention, si bienveillante pourtant. J'ose espérer que faute confessée sera presque pardonnée. Mes souvenirs se sont tellement pressés que je n'ai pu m'empêcher de leur laisser un libre cours; d'ailleurs, je vous l'ai dit en commençant, tout chemin mène à Rome, et celui que nous avons pris n'était pas précisément le plus court. Et quand on a mis le pied dans la Ville Eternelle, on n'en sort pas aussitôt qu'on se l'était promis; vous voyez, je m'y trouvais si bien que j'ai fait en sorte de vous y retenir avec moi, au moins en esprit, le plus longtemps possible.

Je terminerai, Messieurs et chers confrères, en vous offrant à chacun un petit souvenir de mon bon voyage : à tous, un portrait de notre bien-aimé Père en Jésus-Christ; à nos confrères présents en particulier, quelques brins d'herbe cueillis au Colysée, et un peu de poussière prise à l'endroit même où fut fixée la croix de saint Pierre. Vous recevrez, je n'en doute pas, ces souvenirs qui sont peu de chose en eux-mêmes, comme de précieuses reliques ; ils vous sont du reste offerts par un cœur qui vous porte l'affection que sauront toujours se témoigner les enfants de saint Vincent de Paul. Soyons donc tous heureux, au jour de la fête de notre bien-aimé patron, de pouvoir, à l'occasion de quelques paroles, resserrer les liens de la douce charité, qui fait le fondement de l'œuvre à laquelle nous sommes fiers d'appartenir.

———

TABLE DES MATIÈRES.

www.ingramcontent.com/pod-product-compliance
Lightning Source LLC
Chambersburg PA
CBHW071319030726
47594CB00002B/474